INGLÉS
PASO A PASO CON
VAUGHAN
EL INGLÉS EFICAZ

Autores: Richard Vaughan, Richard Brown, David Waddell, Siobhan O'Connor, Nick Keyte, Álvaro Martino, Annie Casasús, Carmen Vallejo, Víctor Sanabria, Lucía Fraile y Paul Merrett

Concepto original: Siobhan O'Connor y Richard Brown

Edición y coordinación del proyecto: Annie Casasús

Edición del castellano: Elena Araújo

Dirección del proyecto: Richard Brown

Diseño y maquetación: ZAC diseño gráfico

Ilustraciones: Sandra Aguilar

ISBN: 978-84-92879-88-5

Dep. Legal: M-10105-2013

Imprime: Macrolibros

19

3 NIVELES:

BÁSICO
INTERMEDIO
AVANZADO

SÍMBOLOS

A lo largo de este libro irás encontrando símbolos que incidirán en diversos aspectos del inglés y te ayudarán a mejorar tu experiencia por este arduo camino. A continuación te damos una breve descripción de cada uno de ellos:

PRONUNCIACIÓN

En Vaughan prestamos especial atención a la correcta pronunciación, y la trabajamos considerándola desde la perspectiva del no nativo. Por este motivo hemos creado un sistema que utiliza la fonética castellana para aproximarse lo más posible a la pronunciación inglesa. Asimismo verás que utilizamos una tilde para indicar dónde recae el énfasis de la palabra. Por ejemplo, ***"disprove"*** se pronunciaría **/dissspróuvvv/**. Desde luego hay gran variedad de acentos ingleses y no existe un único acento 'correcto'. Sin embargo, en nuestros libros nos ceñimos a una pronunciación inglesa que consideramos 'neutral'.

ASPECTOS CLAVE

Siempre que veas este símbolo te estaremos señalando aspectos clave del inglés que debes aprender y memorizar ya que son necesarios para consolidar tu aprendizaje. Por eso, párate y dedica unos minutos a asimilar los conceptos que aquí te presentamos.

INFORMACIÓN ADICIONAL

En estos puntos te ofrecemos información y curiosidades adicionales del idioma que, no siendo imprescindibles, te permitirán ir un paso más allá y enriquecer tu inglés.

ERRORES COMUNES

¡No des un paso falso! Éste será el espacio reservado para tratar aquellos errores comunes y recurrentes que cometen los no nativos cuando hablan inglés, y que suponen un agravio para nuestros finos y delicados oídos. ¡Vaya manera de pisotear nuestro idioma! ¡Te daremos todas las pistas para que tú no seas uno de esos que tropieza una y otra vez en la misma piedra!

RETO

Este símbolo te informa que ha llegado el momento de ponerse a prueba. Saca tu cronómetro y realiza el ejercicio que te proponemos a la mayor velocidad posible. Actualmente la mayoría de los móviles tienen un cronómetro, ¡así que no tienes excusa!

REPASO CONTINUO

Si lo que deseas es hablar bien inglés, ¡el repaso continuo es un paso esencial que no puedes olvidar! El aprendizaje de un idioma requiere almacenar muchos datos en la cabeza y reproducirlos de forma inmediata siempre que sea necesario. ¡Nosotros vamos a ayudarte en esa tarea! De vez en cuando te pondremos a prueba sobre cosas que ya hemos visto ¡y tendrás que responder tan rápido como puedas!

PASO A PASO

Inglés Paso a Paso con Vaughan es un curso hecho a medida para ti que te llevará de la mano por todas las ramas de nuestro idioma, desde lo más básico hasta lo más complejo. Iremos motivándote durante todo el camino, dándote una plétora de consejos para consolidar tu aprendizaje en cada instante. **Paso a paso.**

En cada nivel de cada libro hay diez pasos a seguir. Hay pasos sobre gramática pura, pasos para enriquecer tu vocabulario, pasos para afinar tu pronunciación, pasos para limar errores o rellenar lagunas, y pasos para repasar lo ya visto. Todo presentado de forma amena para que vayas asimilando el aprendizaje de manera consolidada. Poco a poco. **Paso a paso.**

Empezaremos con lo más básico, trabajando cada concepto a fondo hasta que llegues a interiorizarlo para que forme parte de tu inglés activo. Siempre te recordaremos la importancia de no avanzar a un concepto nuevo hasta que hayas afianzado el anterior. La paciencia es tan importante como el esfuerzo continuo. **Paso a paso.**

Trabajaremos la pronunciación a tope desde nuestro sistema fonético, hecho a medida para ti para que llegues a aproximarte lo máximo posible a una buena pronunciación, pero siempre dándote indicaciones adicionales sobre qué tienes que hacer en cada momento con la lengua o boca. **Paso a paso.**

¿Cómo abordar este curso?

- La clave del éxito está en la perseverancia. Si pretendes adquirir un buen nivel de inglés en poco tiempo, estás muy equivocado. Hacerse con otro idioma requiere tiempo, constancia y esfuerzo. Con dedicarle **20 minutos al día TODOS LOS DÍAS DE LA SEMANA**, es suficiente como para notar grandes progresos.
- Primero escucha el audio, una sola pista. Luego lee el texto correspondiente en el libro y practica los ejemplos siempre **EN VOZ ALTA.** Luego vuelve a practicar con el audio todas las veces que sean necesarias hasta que domines la estructura presentada tanto desde el punto de vista oral como auditivo.
- El repaso continuo constituye una parte integral del curso, pero por encima de eso recomendamos enérgicamente que repases todas las lecciones o *Pasos* anteriores con frecuencia. Cuanto más mejor.

Esperamos que disfrutes aprendiendo mi idioma tanto como nosotros disfrutamos enseñándolo. Sólo nos queda desearte muchísima suerte con el inglés, recordando siempre que la suerte se labra. Al final, todo depende de ti. ***Good luck!***

Richard Vaughan

nivel

básico

Post-it power

Tuve una vez un alumno que se llamaba José Luis. Tenía ya cierta edad pero estaba empeñado en aprender inglés como fuera. Seguía todas mis instrucciones al pie de la letra, hasta la más peligrosa.

José Luis tenía que realizar a diario un desplazamiento de una hora durante la que escuchaba casi todos los CDs que Vaughan tiene en su porfolio de materiales didácticos. Sobra decir que el avance en su comprensión auditiva fue enorme y, como era de esperar, no tardó en mejorar su expresión oral.

Pero hizo otra cosa también que, quizá, no le tenía que haber aconsejado. Cada noche, al llegar a casa, cogía uno de nuestros libros de vocabulario y, religiosamente, apuntaba tres palabras nuevas con sus significados en español en tres post-it. Al día siguiente, nada más entrar en su coche, pegaba estos tres post-it en el volante. Mientras conducía, obviamente, no les prestaba la más mínima atención. Pero cada vez que paraba en un semáforo leía estas tres palabras en voz alta unas cinco o seis veces.

Cuando llegaba a su despacho, volvía a pegar los tres post-it, esta vez en la pantalla de su ordenador. Tampoco les daba mucha importancia durante sus ajetreadas jornadas de trabajo, pero allí estaban, siempre a la vista, y, conforme transcurría el día, estas tres palabras iban entrando en lo más profundo del conocimiento de mi amigo José Luis.

De esta manera, José Luis consiguió, en tan sólo un año, que más de 700 palabras nuevas formasen parte de su inglés activo. Porque además, cada vez que nos veíamos o que él tenía que hablar con un compañero de Detroit siempre encontraba la forma, a veces de lo más rebuscada, de introducir sus nuevas palabras en lo que decía.

En el aprendizaje de un idioma, la familiaridad lo es todo. Cuantas más veces veas una palabra, más probable es que la puedas utilizar en contextos reales.

Lo que vas a ver en el nivel básico...

1

Te presentamos el verbo ***"to last"*** (**'durar'**).

2

Trabajaremos la construcción ***"How long" + "last"...?***

3

Machacaremos la pronunciación del verbo ***"to last"*** cuando se conjuga en la tercera persona del singular.

4

Continuaremos practicando cómo hacer preguntas con el verbo ***"to like"*** (**'gustar'**), que ya empezamos a ver en la entrega anterior.

5

Aprenderás diferentes **actividades de ocio** en nuestro *Paso* de vocabulario.

6

Centraremos tu atención en el verbo ***"to enjoy"*** (**'disfrutar'**).

7

Nos familiarizaremos con muchas expresiones para **'saludar formalmente'**, **'agradecer'** y **'responder a dicho agradecimiento'**.

8

Eliminaremos el error de decir *"take me a picture"* cuando en realidad quieres decir ***"take a picture of me"*** (**'hazme una foto'**).

9

Te daremos una **lección de matemáticas**, en la que aprenderás a emplear las **operaciones** más típicas.

10

Un profundo **rePaso** de todo lo que has visto en este nivel.

PRONUNCIACIÓN...

La pronunciación del verbo *"to last"* conjugado en la tercera persona del singular (es decir, *"lasts"*) puede causar ciertos problemas a los estudiantes de inglés. Si estás teniendo problemas en pronunciar **/lasssttsss/**, ¡no te estreses! No es fácil, pero con paciencia y perseverancia llegarás a dominarlo.

SABER ALGO MÁS...

Entre las palabras nuevas que te enseñamos en este *Paso* están *"lunch break"* (**'descanso para comer'**) y *"coffee break"* (**'descanso para tomar un café'**). Usamos *"break"* como **'descanso'** o como **'interrupción'** cuando es un sustantivo, pero cuando es un verbo significa **'romper'**.

1

UN CONSEJO...

Puede que confundas el verbo *"to last"* (**'durar'**) con el adjetivo *"last"* (**'último'**). Practica esta frase para quedarte con la diferencia: ***"The last movie lasts two hours"*** (**'La última película dura dos horas'**).

¡Pon el CD!
Pista de audio
1

Gramática I

To last

El verbo *"to last"* merece mucha atención ya que es un verbo muy utilizado por los angloparlantes nativos, sin embargo, muy poco empleado por los estudiantes de inglés. Significa **'durar'**, y lo usamos para describir cuanto **'duran'** distintas actividades, por lo que será frecuente que lo oigas o que lo utilices en tercera persona de singular: *"last**s**"* /lasssttttsss/.

En este *Paso* también te introducimos las siguientes palabras nuevas:

las noticias	the news
película	movie
juego de ordenador	computer game
conversación	conversation
descanso (para la comida)	lunch break
descanso (para tomar un café)	coffee break
reunión	meeting
partido	match

Vamos a empezar con unos ejemplos centrándonos exclusivamente en el singular. Puesto que vamos a tener que recurrir al uso de la tercera persona del singular, recuerda que has de poner mucho empeño en pronunciar correctamente la **'s'** final: **/lassstttsss/**. Sí, sabemos que cuesta, ¡pero todo es cuestión de práctica!

Una película suele durar una hora y media.	**A movie usually lasts one and a half hours.**

Por alguna razón, a muchos alumnos de inglés –¡incluso los más avanzados!– se les atraviesa la pronunciación de la palabra ***"half"***. ¡No seas uno de ellos! Aprende aquí y ahora que la **'l'** de ***"half"*** es totalmente muda. Se dice **/hhháaafff/**.

Una reunión en mi departamento suele durar 30 minutos.	**A meeting in my department usually lasts 30 minutes.**
Mi descanso para tomar un café dura diez minutos.	**My coffee break lasts ten minutes.**
Un partido de futbol dura noventa minutos.	**A football match lasts 90 minutes.**
Una partida de videojuegos dura veinte minutos.	**A computer game usually lasts twenty minutes.**
Una conversación telefónica suele durar cinco minutos.	**A telephone conversation usually lasts five minutes.**
Las noticias en la tele duran treinta minutos.	**The news on TV lasts 30 minutes.**

A pesar de que termine en una **'s'**, en inglés el sustantivo ***"news"*** (**'noticias'**) es un sustantivo singular e incontable, es decir, nunca podrás decir *"a new"* ni *"a news"*. Por ello, siempre que queramos referirnos a una única **'noticia'** tendremos que hablar de ***"a piece news"***.

En las siguientes frases queremos que compares la pronunciación de *"last"* **/lasssttt/**, que acompaña a sujetos en plural, y *"lasts"* **/lasssttsss/**, que acompaña a los mismos sujetos en singular. ¡Escucha bien al profesor en el audio para apreciar la diferencia!

Las películas de Hollywood suelen durar dos horas.	**Hollywood movies usually last two hours.**

Recuerda que la palabra *"movie"* (**'película'**) se usa mucho más en EE.UU., mientra que en el inglés británico solemos emplear *"film"*.

Una película de Hollywood suele durar dos horas.	**A Hollywood movie usually lasts two hours.**
Las conversaciones telefónicas con mi madre suelen durar cinco minutos.	**Telephone calls to my mother usually last five minutes.**
Una conversación telefónica con mi madre suele durar cinco minutos.	**A telephone call to my mother usually lasts five minutes.**

Fíjate que estos ejemplos y en el de la página anterior el sustantivo *"telephone"* (**'teléfono'**) se convierte en adjetivo al colocarlo delante de *"conversation"* (**'conversación'**) para expresar **'conversación telefónica'**: *"telephone call"*.

Los partidos de fútbol suelen durar noventa minutos.	**Football matches usually last 90 minutes.**
Un partido de fútbol suele durar noventa minutos.	**A football match usually lasts 90 minutes.**

Igual que para hablar de una **'película'** el término más empleado en el inglés británico es *"film"* y el más usado en el inglés americano es *"movie"*, cuando hablamos de un **'partido (deportivo)'** solemos emplear *"match"* en el inglés británico y *"game"* en el inglés americano.

PUNTO CLAVE...

Es mucho más común usar la estructura *"How long...?"* en lugar de *"How much time...?"* cuando queremos preguntar sobre la duración de algo, pero la segunda opción no es incorrecta. Lo que nunca podrás decir es *"How many time...?"*.

ERROR COMÚN...

¡Ojo! ¡No puedes olvidarte del verbo auxiliar cuando hagas preguntas en inglés! Por eso es incorrecto decir *"How long it lasts?"* en lugar de ***"How long does it last?"***.

2

PRONUNCIACIÓN...

Cuando llegues a la palabra *"opera"* (**'ópera'**) en estos ejemplos, esfuérzate para pronunciarla como un nativo. Decimos **/ópraa/**, con dos sílabas y no tres, como si no existiera la **'e'**.

¡Pon el CD!
Pista de audio
2

Gramática II

How long + last...?

En el *Paso* anterior vimos cómo usamos el verbo *"to last"* (**'durar'**) en frases afirmativas. Ahora vamos a ver cómo lo empleamos en frases interrogativas para preguntar **'cuánto dura'** algo. En este caso tendremos que recurrir a la estructura *"How long...?"* (**'¿Cuánto dura...?'**).

Además, como ya sabes, siempre que hacemos una pregunta con otro verbo que no sea ***"to be"***, tenemos que usar el auxiliar *"do"*. Y, puesto que para hacer este tipo de preguntas vamos a utilizar el sujeto en tercera persona del singular, el auxiliar ***"do"*** tomará la forma de *"does"*.

How long	+	auxiliar	+	sujeto	+	verbo *"to last"*	?
How long	+	does	+	the class	+	last	?

¿Listo para ponerte a prueba? Tapa la columna de la derecha y traduce las siguientes preguntas empleando el verbo *"to last"* (**'durar'**).

¿Cuánto dura un concierto?	**How long does a concert last?**

Presta atención al audio y fíjate que la **'s'** al final del auxiliar ***"does"*** es vibrada, como si se tratase del volar de una mosca. Pronunciamos **/dáas/**.

¿Cuánto tiempo dura un partido de fútbol?	**How long does a football match last?**
¿Cuánto tiempo dura una reunión?	**How long does a meeting last?**
¿Cuánto dura un cigarrillo?	**How long does a cigarette last?**

No sólo usamos el verbo *"to last"* para hablar del tiempo que tarda una actividad en transcurrir, también lo empleamos para referirnos al tiempo que tarda un producto o un artículo en consumirse: ***"How long does a bottle of olive oil last?"*** (**'¿Cuánto dura una botella de aceite de oliva?'**).

¿Cuánto tiempo dura la ópera?	**How long does the opera last?**
¿Cuánto tiempo dura la clase?	**How long does the class last?**
¿Cuánto tiempo dura la película?	**How long does the movie last?**

Ahora queremos que formules la pregunta adecuada para cada una de las respuestas que te damos utilizando la estructura que estamos trabajando: *"How long"* + *"last...?"*.

A movie usually lasts one and a half hours.	**How long does a movie usually last?**

¿Cómo se dice **'química'** en inglés?

"Chemistry" /kémistri/

A meeting in my department usually lasts 30 minutes.	**How long does a meeting in your department usually last?**
My lunch break lasts one hour.	**How long does your lunch break last?**
My coffee break usually lasts ten minutes.	**How long does your coffee break usually last?**
A football match lasts 90 minutes.	**How long does a football match last?**
A computer game usually lasts twenty minutes.	**How long does a computer game usually last?**
A telephone conversation usually lasts five minutes.	**How long does a telephone conversation usually last?**

¿Cómo se dice **'nariz'** en inglés?

"Nose" /nóus/

The news on TV lasts 30 minutes.	**How long does the news on TV last?**

SABER ALGO MÁS...

En este *Paso* hablaremos de cosas que duran determinados días. Aprovechamos para decirte que si queremos expresar que algo dura **'dos días'**, además de utilizar ***"two days"***, podemos decir ***"a couple of days"***.

PRONUNCIACIÓN...

Entre los ejemplos de este *Paso* aparece el término ***"a cough"*** que significa **'una tos'**. Además existe ***"to cough"*** (**'toser'**), y en ambos casos ***"cough"*** se pronuncia /kóf/.

UN CONSEJO...

Quizás pienses que somos un poco pesados por seguir insistiendo con el verbo ***"to last"***. Sabemos por experiencia que muchos alumnos tienen dificultades para pronunciar ***"lasts"***. Practica este *Paso*, escucha el audio con mucha atención y seguro que cuando lo hayas acabado, experimentarás una gran mejora en tu pronunciación.

¡Pon el CD!
Pista de audio
3

Tu inglés dará un salto cualitativo cuando aceptes que estás hablando otro idioma y, por tanto, tendrás que aprender nuevos sonidos que no existen en tu lengua nativa. ¡Ánimo, tú puedes!

Pronunciación

Veamos cómo se pronuncia...

LASTS

/lasss/

¡Prohibido pasar!

/láaasssttsss/

Ahora sí, ¡puedes pasar!

En los *Pasos 1* y *2* de esta entrega hemos trabajado el verbo ***"to last"*** y hemos destacado que utilizamos este verbo con mayor frecuencia en tercera persona del singular: ***"lasts"***. Es precisamente esa pronunciación la que trae de cabeza a muchos estudiantes de inglés, independientemente del nivel que tengan.

Debes esforzarte en pronunciar el verbo ***"to last"*** en tercera persona de singular diciendo **/lásssttsss/**, y en este *Paso* vamos a darte un truco para que te cueste menos hacerlo. Cuando vayas a ejecutar las letras **'ts'** finales, exagera su sonido juntando la punta de la lengua con los dientes superiores como si estuvieras llamado a alguien: **/tttsss/**, **/tttsss/**, **/tttsss/**.

¡Ahora pongámoslo en práctica con unos cuantos ejemplos!

Esperamos que lleves al día el estudio de las anteriores entregas, porque empezaremos trabajando la pronunciación de *"lasts"* /lassstsss/ repasando vocabulario que ya hemos visto anteriormente. ¡Comencemos!

Una fiebre a veces dura tres días.	**A temperature sometimes lasts three days.**

¿Recuerdas cómo se dice **'fiebre'** en inglés el inglés americano?

"fever"

Un resfriado dura normalmente una semana.	**A cold usually lasts one week.**

La tos dura dos días.	**A cough lasts two days.**

En el ejemplo anterior hemos traducido *"a cough"* como **'la tos'**, ya que decir 'una tos' no sonaría natural. Además, ten en cuenta que tampoco podemos traducir **'la tos'** como *"the cough"*.

Un dolor de cabeza a veces dura quince minutos.	**A headache sometimes lasts fifteen minutes.**

Recuerda que la pronunciación de la palabra *"headhache"* no tiene nada que ver con cómo se escribe. Decimos **/hhhédeik/**.

La gripe dura normalmente seis días.	**The flu usually lasts six days.**

Un resfriado a veces dura dos días.	**A cold sometimes lasts two days.**

¿Estás aplicando el consejo que te hemos dado para pronunciar *"lasts"*? ¡Ánimo! Estamos seguros de que con algo más de práctica y esfuerzo por tu parte acabarás diciendo /lassstsss/ sin ninguna dificultad.

Un vaso de vino dura normalmente quince minutos.	**A glass of wine usually lasts fifteen minutes.**
Un vaso de agua dura a veces 5 segundos.	**A glass of water sometimes lasts five seconds.**
Un vaso de cerveza dura cinco minutos.	**A glass of beer lasts five minutes.**
Las navidades en algunos países duran once días.	**Christmas in some countries lasts eleven days.**

En inglés *"Christmas"* (**'navidades'**) es un sustantivo singular, por este motivo conjugamos el verbo *"to last"* en tercera persona del singular: /lassstsss/.

Acción de Gracias dura un día.	**Thanksgiving lasts one day.**
La Semana Santa dura en algunos países alrededor de diez días.	**Easter in some countries lasts around ten days.**
Tu descanso para tomar un café dura quince minutos.	**Your coffee break lasts fifteen minutes.**
Un cigarro dura normalmente cinco minutos.	**A cigarette usually lasts five minutes.**

Como somos muy conscientes de la dificultad que entraña pronunciar /lassstsss/ te proponemos que vuelvas al comienzo de esta página y repitas el ejercicio. ¿Serías capaz de hacerlo en menos de 40 segundos?

4

EL VERBO *"TO LIKE"*

Recuerda que cuando utilizamos el verbo **'gustar'** en inglés, empleamos una estructura inversa a la que usamos en castellano. Lo que forma el sujeto en inglés se convierte en el complemento en castellano, y a su vez, lo que es el complemento en inglés se convierte en sujeto en castellano.

UN CONSEJO...

Un truco que te puede ayudar a emplear correctamente el verbo ***"to like"*** es sustituir el verbo **'gustar'** por el verbo **'apreciar'**, que usa la misma estructura en castellano que en inglés: **'¿Me aprecias?'** significa lo mismo que ***"Do you like me?"***.

PRONUNCIACIÓN

A la hora de decir la palabra ***"like"***, asegúrate de pronunciar bien la ***"k"***. Si no lo haces, estarás diciendo ***"lie"***, que significa **'mentira'**.

¡Pon el CD!
Pista de audio
4

Gramática III

To like (II)

Vamos a continuar viendo el verbo ***"to like"*** (**'gustar'**). En la entrega anterior hicimos ejercicios traduciendo frases afirmativas y negativas. Esperamos que las hayas trabajado bien porque por experiencia sabemos que este verbo os suele costar mucho y ahora toca machacar la forma interrogativa, que enreda más las cosas por el uso de los auxiliares.

Recuerda que al hacer preguntas en presente simple con el verbo ***"to like"*** deberás emplear el auxiliar ***"do"*** (o bien ***"does"*** si nos referimos a la tercera persona del singular). Fíjate en la siguiente tabla:

Auxiliar	**+**	**sujeto**	**+**	**verbo *"to like"***	**+**	**complemento**	**?**	
Do	**+**	**you**	**+**	**like**	**+**	**me**	**?**	**¿Te gusto?**
Does	**+**	**he**	**+**	**like**	**+**	**you**	**?**	**¿Le gustas a él?**

En la entrega anterior vimos frases afirmativas y negativas del tipo *"I like him"* (**'A mi me gusta él'**) o *"She doesn't like them"* (**'A ella no le gustan ellos'**). **¿Estás listo/a para** trabajar con frases interrogativas? Recuerda que cuando estés hablando en presente, siempre tendrás que emplear el auxiliar *"do"* o *"does"*.

¿Te gusto?	**Do you like me?**

¡Parece mentira! ¡Tienes que exagerar mucho la *"k"* de *"like"*, como acabamos de comentar en la página anterior! Si no lo haces, *"like"* se parece a la palabra **'mentira'**: *"lie"*.

¿Ella le gusta (a él)?	**Does he like her?**
¿Les gustamos?	**Do they like us?**
¿Le gustas (a él)?	**Does he like you?**
¿Le gustan (a ella)?	**Does she like them?**
¿Te gustamos?	**Do you like us?**
¿Él le gusta (a ella)?	**Does she like him?**
¿Te gustan?	**Do you like them?**

No pierdas la oportunidad de repasar los pronombres personales y los pronombres complemento. ¿Serías capaz de invertir cada una de las preguntas que te presentamos en esta página y volverlas a traducir? Te damos la primera: **'¿Te gusto?'** (*"Do you like me?"*) se convertiría en **'¿Me gustas?'** (*"Do I like you?"*).

Ya hemos trabajado con los pronombres personales y pronombres complemento. Ahora vamos a incorporar sustantivos a las preguntas hechas con el verbo ***"to like"***.

¿A tu marido le gustan los coches?	**Does your husband like cars?**

Recuerda que no empleamos el artículo *"the"* cuando hablamos de cosas en general.

¿Te gusta el pescado?	**Do you like fish?**
¿Le gusta el arroz (a ella)?	**Does she like rice?**
¿A tus padres les gusta la música?	**Do your parents like music?**

El sustantivo ***"music"*** suele pronunciarse con un ligero sonido de **'i'** entre la **'m'** y la **'u'**: **/miúsik/**.

¿A tu profesora le gusta la ciencia?	**Does your teacher like science?**
¿A los niños les gusta su nueva profesora?	**Do the children like their new teacher?**

¿QUÉ DEBO EVITAR?

En las siguientes páginas te ponemos a prueba con el término *"to watch TV"* (**'ver la tele'**). Recuerda que no se puede decir *"to see TV" ni "to look at TV"*; hay que emplear el verbo *"to watch"*.

"VOLUNTEER"

En inglés el término ***"volunteer"*** puede funcionar tanto como un sustantivo, como un adjetivo o como un verbo:

"a volunteer": **'un voluntario'**

"volunteer work": **'trabajo de voluntariado'**

"to volunteer": **'ser voluntario'** o **'hacer trabajo de voluntariado'**.

5

PARA PROFUNDIZAR...

En este *Paso* te enseñamos como decir que **'nos gusta hacer algo'** usando *"to like"* **+ otro verbo en infinitivo o en gerundio**. En el siguiente *Paso* veremos que la combinación del verbo *"to enjoy"* **+ verbo en gerundio** tiene prácticamente el mismo significado.

¡Pon el CD!
Pista de audio
5

¡Ni se te ocurra saltarte este *Paso*! El vocabulario es una de las partes más esenciales y enriquecedoras a la hora de aprender un idioma. ¡Presta especial atención a la pronunciación!

Vocabulario

Actividades de ocio

hacer fotos	**to take pictures**	**/tu teik píkchas/**
bailar	**to dance**	**/tu dáaansss/**
hacer deporte	**to play sports**	**/tu pléi ssspóots/**
leer	**to read**	**/tu ríiddd/**
hacer turismo	**to go sightseeing**	**/tu góu sáitsíi'iin(g)/**
ser voluntario	**to volunteer**	**/tu vvvóluntíia/**
ver la tele	**to watch TV**	**/tu uách tíi vvvíi/**
ir a correr	**to go running**	**/tu góu ráanin(g)/**

En este *Paso* te enseñamos los nombres de ocho **'actividades de ocio'** (*"lesiure activities"*). Además, formularemos ejemplos combinando dichas actividades con el verbo *"to like"*. Fíjate que este verbo se puede emplear tanto seguido por un infinitivo como por un gerundio:

Me	+	gusta	+	ver la tele
I	+	like	+	to watch TV
I	+	like	+	watching TV

No hay casi ninguna diferencia entre ambas estructuras.

Empezamos con unos ejemplos que utilizan el verbo *"to like"* seguido por un infinitivo. Tapa la columna de la derecha y traduce las siguientes frases sin fallar. ¡A por ello!

A Jack le gusta leer.	**Jack likes to read.**
¿(A ella) Le gusta hacer fotos?	**Does she like to take pictures?**
No me gusta bailar.	**I don't like to dance.**

¿Cómo se dice **'salón (cuarto de estar)'** en inglés?

"Living room"

¿Te gusta ver la tele?	**Do you like to watch TV?**
No nos gusta ir a correr.	**We don't like to go running.**

¿Cómo se dice **'hielo'** en inglés?

"Ice"

¿A Damián le gusta hacer deporte?	**Does Damian like to play sports?**
A mi madre le gusta hacer turismo.	**My mother likes to go sightseeing.**
A Trevor no le gusta ser voluntario.	**Trevor doesn't like to volunteer.**

Estás diciendo todos los ejemplos en voz alta, ¿no? Vamos con las mismas frases, pero esta vez utiliza el verbo *"to like"* seguido por un verbo en gerundio.

A Jack le gusta leer.	**Jack likes reading.**
¿(A ella) Le gusta hacer fotos?	**Does she like taking pictures?**
No me gusta bailar.	**I don't like dancing.**
¿Te gusta ver la tele?	**Do you like watching TV?**

¿Cómo se dice **'nevera'** en inglés?

"Fridge"

No nos gusta ir a correr.	**We don't like going running.**
¿A Damián le gusta hacer deporte?	**Does Damian like playing sports?**

¿Cómo se dice **'oveja'** en inglés?

"Sheep"

A mi madre le gusta hacer turismo.	**My mother likes going sightseeing.**
A Trevor no le gusta ser voluntario.	**Trevor doesn't like volunteering.**

6

PRONUNCIACIÓN...

"Enjoy" se dice /enllói/, pronunciando la **'j'** con un sonido que está entre una **'ch'** y una **'ll'**.

SABER ALGO MÁS...

Del verbo *"to enjoy"* obtenemos el adjetivo *"enjoyable"* /enllóiabel/ que significa **'agradable'** o **'divertido'**.

PARA PROFUNDIZAR...

Un verbo opuesto a los verbos que estamos trabajando en esta entrega, *"to like"* y *"to enjoy"*, podría ser *"to dislike"* (**'desagradar'**/**'no gustar'**).

¡Pon el CD!
Pista de audio
6

Gramática IV

To enjoy

Ya sabes que para decir que **'te gusta hacer algo'** sólo tienes que usar el verbo *"to like"* (**'gustar'**) seguido de un verbo en **infinitivo** o en **gerundio.** Pero también tenemos otro verbo para expresar prácticamente lo mismo, que **'disfrutamos haciendo algo'**. Dicho verbo es *"to enjoy"*.

A diferencia del verbo *"to like"*, cuando el verbo *"to enjoy"* va seguido de otro verbo, sólo puede tratarse de su forma en gerundio. Por eso sería incorrecto decir *"I enjoy to learn English"*, en lugar de *"I enjoy learning English"*.

Sujeto	+	verbo *"to enjoy"*	+	verbo *"-ing"*
I	+	enjoy	+	studying

¿Eres capaz de traducir las siguientes frases al inglés? ¡Por supuesto que sí! No olvides que cuando el verbo *"to enjoy"* va seguido por otro verbo, éste siempre ha de ir en gerundio.

Disfruto haciendo fotos.	**I enjoy taking pictures.**
¿Disfrutas leyendo?	**Do you enjoy reading?**
(Ella) No disfruta siendo voluntaria en absoluto.	**She doesn't enjoy volunteering at all.**

Nuestra forma para decir **'en absoluto'** es *"not at all"*, y fíjate que en inglés es una expresión que se suele colocar al final de la claúsula.

Mi madre disfruta yendo a correr.	**My mother enjoys going running.**
Su hermana (de ella) disfruta bailando.	**Her sister enjoys dancing.**
¿Tu padre disfruta viendo la televisión?	**Does your father enjoy watching TV?**
No disfruto haciendo turismo.	**I don't enjoy going sightseeing.**

"Sightseeing" es una palabra compuesta del sustantivo *"sight"* (**'vista'**) y del verbo *"seeing"* (**'viendo'**), así que literalmente significa 'viendo vistas'. ¿Quizá te parezca una redundancia, verdad? Pero cambiarás de opinión si te explicamos que *"the sights"* es nuestro término para hablar de los **'monumentos y museos'** de una ciudad. Por eso *"to go sightseeing"* significa **'hacer turismo'**.

Ahora transforma las frases que utilizan el verbo ***"to like"*** **+ verbo en infinitivo** en frases que usen ***"to enjoy"*** **+ verbo en gerundio**. ¡Adelante!

Jane likes to watch TV.	**Jane enjoys watching TV.**
I really like to go sightseeing in Barcelona.	**I really enjoy going sightseeing in Barcelona.**
They don't like to go running.	**They don't enjoy going running.**
Do you like to play sports?	**Do you enjoy playing sports?**

i ¿Cuándo usamos el verbo ***"to play"***, y cuándo ***"to do"*** en relación a los distintos deportes? Una regla general es que si el deporte usa un balón o un disco de algún tipo, usamos el verbo ***"to play"*** (***"to play football"***, ***"to play hockey"***, ***"to play cricket"***). En cambio, si la actividad es más bien una práctica o un hábito personal, usaremos el verbo ***"to do"*** (***"to do yoga"***, ***"to do karate"***, ***"to do aerobics"***, ***"to do pilates"***).

I really don't like to dance in public.	**I really don't enjoy dancing in public.**
He likes to take pictures of his children.	**He enjoys taking pictures of his children.**
Do you like to read on vacation?	**Do you enjoy reading on vacation?**

i Aunque en castellano diríamos **'durante las vacaciones'** es importante que recuerdes que en inglés decimos ***"on vacation"*** u ***"on holiday"***.

DIFERENCIAS CULTURALES...

En inglés, al igual que en castellano, se puede aportar un poco de sarcasmo a los agradecimientos *"thanks"*, *"thanks a lot"*, etc. Por ejemplo, **'¡Muchas gracias! ¡Ahora tengo que lavar mi camisa!'** (*"Thanks a lot! Now I have to wash my shirt!"*)

SINÓNIMOS...

La traducción literal de **'encantado'** es *"charmed"* **/cháaamddd/**, y aunque se puede utilizar de la misma manera que **'encantado'**, es un término antiguo cuyo empleo hoy en día suena algo pedante.

7

ERROR COMÚN...

Entre los ejemplos te encontrarás la frase: **'Que tenga usted un viaje agradable'**. No se te ocurra traducirla como *"Have a pleasant travel"*. Puedes decir *"Have a pleasant trip"* o *"Have a pleasant journey"*, pero nunca has de traducir **'un viaje'** como *"a travel"*.

¡Pon el CD!
Pista de audio
7

Expresiones Básicas

Si en la entrega anterior estuvimos viendo distintos tipos de **'saludos'**, **'despedidas'** y otras **'expresiones para romper el hielo cuando conoces a alguien'**, en esta entrega vamos a dar un paso más y te presentamos unos **'saludos más formales'**, **'expresiones de agradecimiento'**, y respuestas a las anteriores.

SALUDOS FORMALES

Empezamos con una serie de saludos que utilizamos en situaciones formales. Hablamos de frases como: ***"Pleased to meet you"*** (**'Encantado de conocerte'**), ***"It's a pleasure"*** (**'Es un placer'**), y lo que son expresiones algo más universales, ***"Nice to meet you"*** y ***"Good to meet you"***, que también significan **'Encantado de conocerte'**.

AGRADECIMIENTOS

Aunque es probable que tengas dominados los agradecimientos tipo ***"thank you"***, el abreviado ***"thanks"***, y las formas más expresivas ***"thank you very much"*** y ***"thanks a lot"*** (**'muchas gracias'**), vamos a trabajarlas en situaciones reales en este *Paso*.

RESPUESTAS A UN AGRADECIMIENTO

Finalmente te presentamos cuatro formas para decir **'De nada'**. La primera, ***"You're welcome"*** (que literalmente significa 'estás bienvenido'). La segunda, ***"Not at all"*** (que sería como decir **'En absoluto'**). ¿Sabes cual podría ser la tercera? Vas bien si acabas de pensar en ***"Don't mention it"*** (efectivamente, **'Ni lo menciones'**). Por último, se puede responder a un agradecimiento empleando la expresión ***"Thank you"*** (**'¡Gracias a ti!'**) poniendo mucho énfasis en el pronombre ***"you"*** cuando la dices.

Familiarízate con los ejemplos de abajo y cuando te sientas listo, tapa la columna derecha y traduce cada término al inglés.

Encantado de conocerte	Saludos formales de presentación	**Pleased to meet you**
Es un placer		**It's a pleasure**
Encantado de conocerte		**Nice to meet you**
Encantado de conocerte		**Good to meet you**

Aunque suene un poco extravagante, algunos dicen ***"The pleasure is all mine"***, o lo que es lo mismo, **'El placer es mío'**.

Gracias	Agradecimientos	**Thank you**
Gracias		**Thanks**
Muchas gracias		**Thank you very much**
Muchas gracias		**Thanks a lot**

En lugar de utilizar ***"thank you"*** para dar las gracias, también es muy común oír a gente de las islas británicas decir ***"cheers"*** (que literalmente significa **'salud'** en un brindis).

De nada	Respuestas a un agradecimiento	**You're welcome**
En absoluto		**Not at all**
Ni lo menciones		**Don't mention it**
Gracias a ti		**Thank you**

Al traducir las siguientes frases, ten en cuenta que las expresiones: ***"pleased to meet you"***, ***"nice to meet you"*** y ***"good to meet you"***, significan **'encantado de conocerte'** y todas ellas son intercambiables. De la misma manera, las distintas formas que tenemos para expresar **'de nada'**: ***"you're welcome"***, ***"not at all"***, ***"don't mention it"*** y ***"thank you"***, también son intercambiables.

Hola, encantado de conocerte.	**Hello, pleased to meet you.**

Buenas tardes señor (es pronto por la tarde), es una placer.	**Good afternoon Sir, it's a pleasure.**
–Me llamo Charlie. Encantado de conocerte. –Encantado de conocerte. Me llamo Albert.	**–My name's Charlie. Nice to meet you.** **–Nice to meet you. My name's Albert.**
–Buenas tardes (son más de las 18 hs). Me llamo Gilbert. –Encantado Gilbert. Me llamo Christopher.	**–Good evening. My name's Gilbert.** **–Good to meet you Gilbert. My name's Christopher.**
–Que tenga usted un viaje agradable. –Gracias.	**–Have a pleasant journey.** **–Thank you.**
–Gracias por su ayuda. –De nada.	**–Thank you for your help.** **–You're welcome.**
–¡Gracias por todo! (un 'gracias' más informal) –De nada.	**–Thanks for everything!** **–Not at all.**

No digas *"thanks for all"*. Lo hemos oído demasiadas veces y nos suena muy mal.

–Muchas gracias por lo de hoy (agradecimiento enfático). –De nada.	**–Thank you very much for today.** **–Don't mention it.**
–Gracias por la cena. –No, ¡gracias a ti!	**–Thank you for dinner.** **–No, thank you!**

En esta frase no olvides enfatizar el pronombre *"you"* de *"thank **you**"*.

¡Muchas gracias por ayudarme!	**Thanks a lot for helping me!**

¡Ojo! No digas *"thanks a lot for to help me"*. Cualquier verbo al que le siga la preposición *"for"* ha de expresarse en gerundio.

SABER ALGO MÁS...

En inglés tenemos muchas formas para referirnos a una **'fotografía'**: ***"photograph"***, ***"photo"***, ***"snapshot"*** , ***"pic"*** y ***"picture"***. ¿Entonces, cuál es la diferencia entre ***"picture"*** y ***"photo"***? La diferencia es que ***"a photo"*** sólo puede ser una **'fotografía'**, mientras que ***"a picture"*** puede ser tanto una **'fotografía'** como un **'cuadro'**.

RECORDATORIO...

Aprovechamos este *Paso* para repasar algunos de los verbos en presente continuo que te enseñamos en las primeras entregas de este curso: ***"standing"*** (**'estar de pie'**), ***"sitting"*** (**'estar sentado'**), ***"pointing at"*** (**'señalando'**) y ***"looking at"*** (**'mirando'**).

8

PARA PROFUNDIZAR...

Una expresión sinónima de ***"Take a picture of me"*** (**'Hazme una foto'**) sería ***"Take my picture"***. ¡Lo que nunca podrás decir es *"Take me a picture"*! Una vez que hayas trabajado todos los ejemplos que te damos, intenta modificarlos utilizando esta nueva estructura. Te damos el primero: ***"I'm taking a picture of you"*** se convierte en ***"I'm taking your picture"***.

¡Pon el CD!
Pista de audio
8

Error Común
¡No des un paso en falso!

Take a picture of me

Correcto:	**Take a picture of me**
Incorrecto:	**Take me a picture**

En este *Paso* vamos a ver cómo usar correctamente en inglés la expresión ***"to take a picture of someone"*** (**'hacer una foto a alguien'**).

Fíjate que mientras que en castellano le pedimos a alguien: **'¡Hazme una foto!'**, en inglés tendremos que pedir literalmente: '¡Toma una foto de mí! (***"Take a picture of me!"***), es decir, cambiamos el verbo y cambiamos la estructura con respecto al castellano. Evita a toda costa decir *"Take me a picture"*.

Empezaremos con unas oraciones sencillas que utilizan la estructura *"to take a picture of someone"* en presente continuo. Suponemos que a estas alturas del curso ya tienes completamente dominado el uso de los pronombres complemento: *"me"*, *"you"*, *"him"*, *"her"*, *"us"*, *"you"*, *"them"*. Si no es así, ¡repasa las entregas anteriores!

Te estoy haciendo una foto.	**I'm taking a picture of you.**

La **'a'** de *"taking"* no suena como una **'a'** en absoluto. Más bien se trata del sonido **/ei/**: **/téikin(g)/**.

(Ella) Les está haciendo una foto.	**She's taking a picture of them.**
Nos están haciendo una foto.	**They're taking a picture of us.**
Le estamos haciendo una foto (a él).	**We're taking a picture of him.**
(Él) Le está haciendo una foto (a ella).	**He's taking a picture of her.**

No bajes la guardia en lo que respecta a la práctica de los pronombres complemento. No se te puede escapar un **sólo** *"she"* por un *"her"*, ni un *"he"* por un *"him"*.

(Ella) Te está haciendo una foto.	**She's taking a picture of you.**
Me estás haciendo una foto.	**You're taking a picture of me.**

Ahora vamos a trabajar unas frases que combinan la estructura que estamos viendo, mientras repasamos otros elementos que te hemos enseñado a lo largo del curso.

Hazle (a él) una foto de pie al lado del Taj Majal.	**Take a picture of him standing next to the Taj Majal.**

Hazle (a ella) una foto de pie delante del Big Ben.	**Take a picture of her standing in front of Big Ben.**

Mientras que la mayoría de los monumentos de los que hablamos en este *Paso* requieren el artículo ***"the"***, cuando se trata del ***"Big Ben"*** omitimos dicho artículo, ya que los londinenses le han dado la categoría de ser un compatriota más: **'El Gran Ben'**. De hecho, ¡incluso le asignan género masculino!

Haznos una foto sentados delante del puente Golden Gate.	**Take a picture of us sitting in front of the Golden Gate Bridge.**

Hazles una foto señalando la Gran Pirámide de Guiza.	**Take a picture of them pointing at the Great Pyramid of Giza.**

Hazle (a ella) una foto mirando la Torre Eiffel.	**Take a picture of her looking at the Eiffel Tower.**

Haznos una foto sentados en un autobús de Londres.	**Take a picture of us sitting on a London Bus.**

¡Ojo! Al hablar de subirnos a **'un avión'**, **'un ascensor'**, **'un barco'** o **'un autobús'** tenemos que utilizar la preposición ***"on"*** y no *"in"*: ***"to get on a plane"***, ***"to get on an elevator"***, ***"to get on a ship"*** y ***"to get on a bus"***. Por lo tanto, si hablamos de estar **'sentados en un autobús'**, no usaremos *"in"* sino ***"on"***: ***"to be sitting on a bus"***.

Hazle una foto señalando al Empire State.	**Take a picture of him pointing at the Empire State Building.**

OTROS SIGNIFICADOS...

En el contexto de este *Paso*, *"plus"* significa **'más'**. No obstante, igual que en castellano, también puede funcionar como un sustantivo y utilizarse coloquialmente para referirnos a una **'ventaja'**.

SABER ALGO MÁS...

"Equals" sólo se utiliza dentro del ámbito matemático. Más adelante aprenderás que cuando queramos decir que algo **'es igual'** en otro contexto, en inglés utilizaremos la estructura *"it's the same"*.

UNA CURIOSIDAD...

A la hora de hacer multiplicaciones, en inglés utilizamos la palabra *"times"* (**'veces'**). Decimos por ejemplo, *"five times five"*, algo así como **'cinco veces cinco'**.

¡Pon el CD!
Pista de audio
9

Números... ¡A paso ligero!

Lección de matemáticas

¡Bienvenido a tu primera clase de matemáticas en inglés! No te preocupes, no vamos a hacer nada demasiado difícil. Te vamos a enseñar el vocabulario necesario para que puedas traducir al inglés una serie de operaciones matemáticas en las que tendrás que calcular mentalmente su solución.

más	**plus**	**/pláas/**
menos	**minus**	**/máinas/**
por	**times**	**/táimmms/**
dividido por	**divided by**	**/divvváidid_bbbái/**
igual a	**equals**	**/íikuels/**

Veamos un ejemplo sencillo de las operaciones con las que vas a practicar en este *Paso*:

2 + 7 = ?	**Two plus seven equals nine.**

Como ves, se trata de una operación muy sencilla. No obstante, te aconsejamos una concentración absoluta para que practiques a fondo la pronunciación del vocabulario que te hemos presentado. En este ejemplo, ***"plus"*** no se pronuncia como se escribe, sino **/pláas/**, bajando la mandíbula; por otro lado, ***"equals"*** se pronuncia **/íikuels/**.

¿Preparado? Vamos a desentumecer las neuronas. Tapa la columna de la derecha y traduce al inglés las operaciones que te presentamos a continuación.

12 – 6 = ?	**Twelve minus six equals six.**
24 ÷ 3 = ?	**Twenty-four divided by three equals eight.**

No debes caer en el error de decir *"is equal to"* cuando quieras expresar **'igual a...'**. En inglés utilizamos ***"equals"*** seguido del resultado final de la operación.

10 + 4 = ?	**Ten plus four equals fourteen.**
6 × 6 = ?	**Six times six equals thirty-six.**
34 + 5 = ?	**Thirty-four plus five equals thirty-nine.**
14 ÷ 2 = ?	**Fourteen divided by two equals seven.**
16 – 3 = ?	**Sixteen minus three equals thirteen.**

¿Recuerdas cómo decimos en inglés la fecha 15/05/2003? (En inglés británico y americano)

"The fifteenth of May, two thousand and three" o ***"May fifteenth, two thousand and three"***.

Lo primero, tapa la columna de la derecha. Tu misión ahora será ir leyendo las instrucciones que te damos a la izquierda y resolver dichas operaciones. Tendrás que ir sumando, restando, multiplicando y dividiendo un número a lo largo de todo el ejercicio, para que al final resulte el mismo número que nosotros tenemos. Si te pierdes, vuelve al principio.

Five plus six equals...	**eleven...**
... minus two equals...	**nine...**
... times five equals...	**forty-five...**

A estas alturas no habrás confundido ***"forty"*** (**'cuarenta'**) con ***"fourteen"*** (**'catorce'**), ¿verdad?

... plus three equals...	**forty-eight...**
... divided by six equals...	**eight...**

Vuelve a leer en voz alta la operación que te hemos indicado. ¿Has pronunciado ***"divided by"*** adecuadamente? Recuerda diferenciar bien la pronunciación de la **'v'** (que ha de ser vibrada) y la **'b'** (que ha de ser explosiva): /divvváidid_bbbái/.

... plus thirty-three equals...	**forty-one...**
... times two equals...	**eighty-two...**

RECUERDA QUE...

El verbo *"to last"* significa **'durar'**, y la estructura que empleamos para preguntar **'¿Cuánto dura algo?'** es *"How long does something last?"*.

ESFUÉRZATE EN...

Pronunciar correctamente el verbo *"to last"* (**'durar'**) cuando se conjuga en tercera persona del singular: *"lasts"* se pronuncia **/láaassstttsss/**, haciendo mucho énfasis en los sonidos de la **'t'** y la **'s'** finales.

10

NO OLVIDES...

Practicar hasta la saciedad el verbo *"to like"* (**'gustar'**), que suele presentar dificultades a los alumnos porque en inglés tiene una estructura inversa a la que tiene en castellano. ¡No ceses en tu empeño hasta conseguir la fluidez que necesitas con él!

¡Pon el CD!
Pista de audio
10

¡Ha llegado la hora del test final! El repaso es la clave del éxito y nunca lo podemos olvidar. ¿Has logrado hacerte con todas las palabras, estructuras y sonidos de esta entrega? No sólo se trata de entenderlas, sino también de reproducirlas con confianza y soltura.

¡El rePaso!

Un partido de futbol dura noventa minutos.	**A football match lasts 90 minutes.**
Las conversaciones telefónicas con mi madre suelen durar cinco minutos.	**Telephone calls to my mother usually last five minutes.**
Una conversación telefónica con mi madre suele durar cinco minutos.	**A telephone call to my mother usually lasts five minutes.**
¿Cuánto tiempo dura la clase?	**How long does the class last?**
¿Cuánto tiempo dura la película?	**How long does the movie last?**
Un resfriado dura normalmente una semana.	**A cold usually lasts one week.**
Las navidades en algunos países duran once días.	**Christmas in some countries lasts eleven days.**

En inglés *"Christmas"* (**'navidades'**) es un sustantivo singular, por este motivo conjugamos el verbo *"to last"* en tercera persona del singular: /lassstsss/.

¿Te gusto?	Do **you** like **me?**
¿Él le gusta (a ella)?	Does **she** like **him?**
¿A tu profesora le gusta la ciencia?	Does **your teacher** like **science?**
No nos gusta ir a correr.	**We don't like** to go running**.**
¿(A ella) Le gusta hacer fotos?	**Does she like** taking pictures**?**
¿A Damián le gusta hacer deporte?	**Does Damian like** playing sports**?**
Su hermana (de ella) disfruta bailando.	**Her sister** enjoys dancing**.**
No disfruto haciendo turismo.	**I don't** enjoy going sightseeing**.**
–Buenas tardes (son más de las 18 hs). Me llamo Gilbert. –Encantado Gilbert. Me llamo Christopher.	**–Good evening. My name's Gilbert.** **–Good to meet you Gilbert. My name's Christopher.**

–Muchas gracias por lo de hoy (agradecimiento enfático). –De nada.	**–Thank you very much for today.** **–Don't mention it.**
Nos están haciendo una foto.	**They're taking a picture of us.**
Hazles una foto señalando la Gran Pirámide de Guiza.	**Take a picture of them pointing at the Great Pyramid of Giza.**
Hazle (a ella) una foto mirando la Torre Eiffel.	**Take a picture of her looking at the Eiffel Tower.**
10 + 4 = ?	**Ten plus four equals fourteen.**
6 × 6 = ?	**Six times six equals thirty-six.**
16 – 3 = ?	**Sixteen minus three equals thirteen.**

¡No te engañes! Si no dedicas un mínimo de **20 minutos al día** para repasar y afianzar los conocimientos que te acabamos de enseñar, habrás perdido tu tiempo. El éxito para aprender un idioma depende sólo de una cosa: del esfuerzo continuo del alumno.

nivel

intermedio

Mi cuñado

El otro día estuve con mi cuñado que me dijo con toda la sinceridad del mundo cuánto estaba mejorando con este curso de inglés. Siendo veterinario en una zona rural de Andalucía, dedica todo el tiempo que pasa en el coche yendo de finca en finca a escuchar el CD que acompaña a este libro. También me dijo con absoluta franqueza que ni miraba el libro, por lo que le felicité sin el más mínimo rencor.

No puedo engañaros. Nosotros lo pasamos bomba preparando estos libros, pero somos totalmente conscientes de la primacía absoluta del CD como herramienta potente para mejorar tu inglés.

Es muy reconfortante leer un libro sobre cómo debería ser tu inglés pero, en términos reales, sales de la experiencia con el mismo inglés con el que empezaste al pasar las hojas. Es muy cómodo porque controlas todo: paras cuando quieres, relees las partes más complicadas de entender cuantas veces haga falta y, sobre todo, ni una sola vez te expones a situaciones que reten tu capacidad de expresión o de comprensión.

En cambio, al escuchar el audio sin referirte al texto, entras en un mundo lleno de nuevas sensaciones: nuevos sonidos, nuevas palabras, nuevas estructuras, todos entregados en tiempo real. La velocidad de entrega es la que hay. No hay posibilidad de ralentizar.

Cuanto más escuches el audio de este curso, más progresos harás. Mi cuñado, por ejemplo, ya habrá expuesto su oído a más de 300 horas de inglés, lo cual supone un bagaje de experiencia considerable y, sobre todo, útil.

Si escuchas el CD a menudo, aunque nunca llegues a abrir los libros, estaremos encantados, ya que habremos conseguido nuestro objetivo de ayudarte a dar un empujón fuerte a tu inglés.

Lo que vas a ver en el nivel intermedio...

1

Estudiarás la construcción ***"I have never..."***.

2

Trabajarás la expresión ***"this has nothing" to do with that"***.

3

Perfeccionarás tu pronunciación del **adverbio de frecuencia *"always"***.

4

Practicarás el *phrasal verb* ***"to speak up"***.

5

Aprenderás los nombres de ocho **instrumentos musicales.**

6

Seguirás con el **presente perfecto,** esta vez en el interrogativo.

7

Los *irregular verbs* ***"to begin"***, ***"to leave"*** y ***"to pay"***.

8

Nuestro ejercicio semanal de **comprensión auditiva.**

9

Practicarás frases con la expresión **'dentro de 5 minutos'**.

10

Darás un **rePaso** de todo el nivel.

SABER ALGO MÁS...

Entre los ejemplos vemos la palabra **'toast'**. ¿Sabías que en inglés nunca hacemos el plural de **'tostada'** diciendo *"toasts"*? ***"Toast"*** se emplea sin **'s'**, tanto en singular como en plural , puesto que se tratade un sustantivo incontable. Para decir **'tostadas'**, en inglés hablamos de ***"pieces of toast"***.

PRONUNCIACIÓN...

En este *Paso* veremos la estructura ***"I have never..."*** que utilizaremos con la contracción ***"I've"***. Te recordamos que en la entrega anterior estuvimos practicando con ella, se pronuncia **/áivvv/**.

1

PARA PROFUNDIZAR...

En este *Paso* utilizaremos el adverbio ***"never"*** para hablar de cosas que no hemos hecho nunca. Más adelante trabajaremos con otros adverbios de frecuencia, como ***"always"*** (**'siempre'**), que nos servirá para hablar de cosas que siempre hemos hecho: ***"I've always liked English"*** (**'Siempre me ha gustado el inglés'**).

¡Pon el CD!
Pista de audio
11

Gramática I

To have never...

En nuestra entrega anterior estuvimos trabajando el presente perfecto y te enseñamos que se forma empleando el verbo *"to have"* como auxiliar, seguido del participio pasado del verbo principal.

En este *Paso* te vamos a enseñar cómo decir que **'nunca has hecho una determinada cosa'** sirviéndonos de este tiempo verbal. Para ello utilizaremos la estructura *"I have never..."* (**'Yo nunca he...'**) más el verbo de la acción en cuestión en su forma de participio pasado.

Sujeto	+	to have	+	never	+	participio pasado	+	complemento directo
I	+	have	+	never	+	eaten	+	mushrooms
Yo nunca he comido champiñones								

Observa que para construir este tipo de oraciones, el adverbio de frecuencia *"never"* se coloca entre el verbo *"to have"* y el **participio**.

Para practicar la estructura que nos ocupa este *Paso* empezaremos por una serie de frases muy estrambóticas que hablan de acciones que nunca hemos hecho.

Nunca he bebido tres litros de gasolina para desayunar.	**I've never drunk three litres of petrol for breakfast.**
Nunca he hablado ruso con George Bush.	**I've never spoken Russian with George Bush.**

En realidad ***"Bush"***, el famoso apellido de dos presidentes norteamericanos, significa **'arbusto'**.

Nunca he esquiado desnudo.	**I've never skied naked.**
Nunca he comido tostadas con paté de jirafa.	**I've never eaten giraffe pate on toast.**
Nunca he cantado en japonés delante de 300.000. personas.	**I've never sung in Japanese in front of three hundred thousand people.**
Nunca le he enseñado inglés al Rey de España.	**I've never taught the King of Spain English.**

También podríamos haber traducido la frase anterior como ***"I've never taught English to the King of Spain"***.

Nunca he conducido el coche de Fernando Alonso por las Ramblas.	**I've never driven Fernando Alonso's car along the Ramblas.**

Continuamos utilizando el presente perfecto junto con el adverbio *"never"*, pero en este caso trabajando con sujetos en tercera persona del singular, por lo que utilizaremos el auxiliar *"has"*. De esta manera, si queremos decir **'Ella nunca ha estado allí'** traduciremos *"She's never been there"*. Tapa la columna de la derecha e intenta traducir las siguientes frases en voz alta.

Él nunca ha entendido por qué los ingleses conducen por el lado izquierdo de la carretera.	**He's never understood why the English drive on the left side of the road.**
Ella nunca ha hablado con él.	**She's never spoken to him.**

Siempre que nos referimos a **'hablar con alguien'** debemos decir *"speak to"*. Si dijeras *"She's never spoken with him"* nos sonaría muy raro.

Él nunca ha dormido en una cama pequeña.	**He's never slept in a small bed.**
Ella nunca ha oído hablar de Jackie Riddleton.	**She's never heard of Jackie Riddleton.**

En la frase anterior hemos utilizado la expresión *"to hear of"* ya que el sujeto nunca ha oído hablar de Jackie Riddleton. En cambio, si quisiéramos decir que hemos tenido noticias de alguien conocido, utilizaríamos la preposición *"from"*: *"I've hear from you"*.

Mario nunca ha vivido en Bruselas.	**Mario's never lived in Brussels.**
Linda nunca ha traído el postre.	**Linda's never brought the dessert.**
Él nunca ha hecho una tarta de cumpleaños.	**He's never made a birthday cake.**

¿QUÉ DEBO EVITAR?

A la hora de expresar en inglés **'esto no tiene que ver con aquello'**, no traducimos literalmente del castellano y decimos *"this has nothing to see with that"*. En este *Paso* aprenderás que en inglés se utiliza el verbo ***"to do"***: ***"this has nothing to do with that"***.

VARIOS SIGNIFICADOS...

En los ejemplos de este *Paso* aparece el sustantivo ***"oil"***. Dependiendo del contexto en el que lo utilicemos, puede significar **'aceite'** o **'petróleo'**.

2

PRONUNCIACIÓN...

En este *Paso* vamos a practicar con la palabra ***"nothing"*** hasta la saciedad. Cuando termines los ejercicios deberás tener su pronunciación perfectamente dominada: **/náazing/**.

¡Pon el CD!
Pista de audio
12

Expresión de la Semana

THIS HAS NOTHING TO DO WITH THAT

/zissss_hhhas_náazing_tu_du_uíz_zattt/

Esto no tiene nada que ver con aquello

En esta ocasión te presentamos la expresión que empleamos cuando queremos decir que **'Una cosa no tiene nada que ver con otra'**. Fíjate que mientras que en castellano utilizamos el verbo **'ver'**, en inglés esta estructura se forma con el verbo *"to do"*: *"This has nothing to do with that"*.

En el ejemplo anterior, los pronombres demostrativos *"this"* y *"that"* pueden sustituirse por otros pronombres, sustantivos o conceptos distintos. Podríamos decir, por ejemplo, *"My happiness has nothing to do with you"* (**'Mi felicidad no tiene nada que ver contigo'**). En este caso hemos establecido una relación entre dos conceptos, **'mi felicidad'** y **'tu'**. A lo largo de los ejemplos que veremos en las próximas páginas practicaremos esta estructura relacionando elementos que no tienen nada que ver entre sí.

Nos ponemos manos a la obra con una lista de traducción en la que utilizaremos la expresión ***"X has nothing to do with X"***. Escucha el audio cuando practiques para hacerte con una buena pronunciación.

Eso no tiene nada que ver con nosotros.	**That has nothing to do with us.**

> Como ya sabes, en inglés no es posible utilizar dos partículas negativas en la misma oración. Por ese motivo no podemos traducir literalmente del castellano y decir *"That doesn't have nothing to do with us"*.

No tenemos nada que ver con tus amigos.	**We have nothing to do with your friends.**
Mi decisión final no tiene nada que ver contigo.	**My final decision has nothing to do with you.**
Los asuntos economicos no tienen nada que ver con el arte.	**Economics has nothing to do with art.**

> La palabra ***"economics"*** significa tanto **'asuntos o aspectos económicos'** como la ciencia **'economía'.** Sin embargo, cuando se trata de la **'economía'** de un país, decimos ***"the economy"***. ***"Economics"*** casi siempre va con el verbo en singular.

Sus beneficios no tienen nada que ver con nuestro desarrollo.	**Their benefits have nothing to do with our development.**
Lo siento, esta conversación no tiene nada que ver contigo.	**I'm sorry, this conversation has nothing to do with you.**
La inteligencia no tiene nada que ver con el éxito.	**Intelligence has nothing to do with success.**

Ahora vamos a seguir practicando la misma estructura, pero en pasado. Para decir **'Esto no tuvo que ver con aquello'** diremos ***"This had nothing to do with that"***, conjugando el verbo ***"to have"*** en pasado.

Mi decisión de estudiar Derecho no tuvo nada que ver con mis padres.	**My decision to study Law had nothing to do with my parents.**

En el libro 17 te presentamos, entre otras áreas de estudio, la de **'Derecho'** (*"Law"*). Recuerda que se pronuncia con una **'o'** larga: /lóo/.

La inversión de la compañía no tuvo nada que ver con sus ventas.	**The company's investment had nothing to do with its sales.**
No tuve nada que ver con la fiesta sorpresa.	**I had nothing to do with the surprise party.**
El terremoto no tuvo nada que ver con el apagón.	**The earthquake had nothing to do with the blackout.**

Existen varias formas de referirnos a un **'apagón'**: *"a blackout"*, *"a power outage"* o *"a power cut"*.

Su felicidad no tuvo nada que ver con su matrimonio.	**Their happiness had nothing to do with their marriage.**
La guerra no tuvo nada que ver con el petróleo.	**The war had nothing to do with oil.**
Nuestra conversación no tuvo nada que ver con lo que nos dijeron sobre ti.	**Our conversation had nothing to do with what they told me about you.**

UN ERROR IMPERDONABLE

Nunca jamás empezamos una frase en inglés con la palabra ***"always"***. ***"Always"*** se coloca despues de los verbos auxiliares y delante de los verbos normales. Así que no queremos escuchar barbaridades como *"Always I go..."*, etc.

SABER MÁS

'Educado' en castellano y ***"educated"*** en inglés son falsos amigos. Cuando decimos ***"educated"*** en inglés, hablamos de alguien **'culto e instruido'**. En cambio, **'educado'** se dice ***"polite"***.

3

SABER ALGO MÁS...

Existen en inglés distintas formas para expresar **'viajar por todo el mundo'**. En los ejercicios de este *Paso* veremos ***"to travel around the world"***, pero existen alternativas como ***"to globetrot"*** o ***"to travel the seven seas"***.

¡Pon el CD!
Pista de audio
13

A una persona con una gran pronunciación se le atribuye generalmente un muy buen nivel de inglés. ¡No seas una de esas personas que sabe mucha gramática pero no se le entiende nada!

Pronunciación

Veamos cómo se pronuncia...

ALWAYS

/ólgüeis/

Dirección equivocada

/óolueis/

Camino correcto

En el primer *Paso* de esta entrega hemos practicado la estructura *"I've never..."*. De la misma manera que utilizamos ésta para expresar algo que **'nunca he hecho'**, podemos utilizar el adverbio de frecuencia *"always"* (**'siempre'**) para indicar cosas que **'siempre he hecho'** (*"I've always..."*).

Muchos alumnos cometen errores a la hora de pronunciar el adverbio *"always"*, por eso queremos que en este *Paso* aprendas a decir **/óolueis/**.

Te recordamos que ya presentamos el uso del adverbio *"always"* en el nivel básico del libro **17**, pero ya sabes que el repaso continuo es la clave del éxito.

En este ejercicio vamos a traducir una serie de frases del estilo *"I've always..."*. Recuerda que, puesto que vamos a emplear el presente perfecto en este tipo de estructura, el verbo principal debe conjugarse en participio pasado. Y que no se te olvide: el objetivo de este ejercicio es que pronuncies correctamente **/óolueis/**.

Siempre he comprado el mismo periódico.	**I've always bought the same newspaper.**

Recuerda que colocamos el adverbio *"always"* entre el auxiliar *"have"* y el verbo principal.

Siempre he querido viajar a China.	**I've always wanted to travel to China.**

Siempre he estudiado mucho.	**I've always studied hard.**

"To study hard" suele traducirse como **'estudiar mucho'** o **'estudiar con esmero'**. Traducirlo literalmente como 'estudiar duro' no suena demasiado natural.

Siempre he estado en contacto con él.	**I've always been in touch with him.**

Siempre he comido muchas verduras.	**I've always eaten a lot of vegetables.**

¿Has dudado un instante a la hora de pronunciar *"vegetables"*? Por si acaso te recordamos su pronunciación: **/vvvéchtabols/** con tres sílabas.

Siempre he creído en ti.	**I've always believed in you.**

En las siguientes frases seguiremos practicando la pronunciación de **/óolueis/**, pero en este caso los ejemplos que traduzcamos van a tener distintos sujetos. Presta atención y recuerda que si el sujeto se expresa en la tercera persona del singular, tendrás que emplear el auxiliar ***"has"*** en lugar de ***"have"***.

Ellos siempre han querido viajar por todo el mundo.	**They've always wanted to travel around the world.**
Mi hermana siempre ha vivido en Méjico.	**My sister's always lived in Mexico.**
Robert siempre ha sido mi mejor amigo.	**Robert's always been my best friend.**

En inglés británico utilizamos la palabra ***"mate"*** para decir **'amigo'**. Podemos decir: ***"We've always been best mates"***.

John siempre ha sido una persona muy educada.	**John's always been a very polite person.**
Mi jefe siempre ha trabajado para la misma empresa.	**My boss's always worked for the same company.**
Ese ha sido siempre mi disco favorito.	**That's always been my favorite album.**
Mi médico siempre me ha dicho que debo beber más agua.	**My doctor's always told me that I should drink more water.**

MINI TEST

Ordena las siguientes palabras en inglés para que den lugar a la frase **'No tuve nada que ver con la fiesta sorpresa'**.

do | party | nothing | surprise | I | to | had | the | with

Respuesta: ***"I had nothing to do with the surprise party"***.

SABER ALGO MÁS...

En este *Paso* aprenderás a utilizar el *phrasal verb* ***"to speak up"***. Una de sus acepciones es la de **'decir lo que uno piensa'**. Otra alternativa que viene a significar lo mismo es ***"to give one's opinion"***.

4

EXPRESIONES COTIDIANAS...

Cuando estamos contrariados y queremos pedirle explicaciones a alguien diciendo algo del tipo **'¿¡Qué pasa contigo!?'**, en inglés utilizamos la expresión ***"What's wrong with you!?"***. En este *Paso* podrás ver un ejemplo.

EL VERBO *"TO NOTICE"*

En los ejercicios de este *Paso* te encontrarás con la expresión: ***"If you want them to take notice of you..."*** (**'Si quieres que se fijen en ti...'**). No obstante, el verbo ***"to notice"*** también puede traducirse como **'darse cuenta'** o **'notar'**: ***"Have you noticed anything?"*** (**'¿Has notado algo?'**).

¡Pon el CD!
Pista de audio
14

Phrasal Verbs
¡Un paso más allá!

Hemos llegado a nuestro rincón favorito, el de los temidos *phrasal verbs*. Si te centras cada semana en un solo verbo compuesto, seguramente poco a poco empiecen a formar parte de tu vocabulario activo.

“to speak up”

El *phrasal verb* que vamos a ver en este *Paso* tiene dos acepciones: **‘hablar más alto’** y también **‘decir lo que uno piensa’**.

Como sabes, muchos *phrasal verbs* son separables. No obstante, ***“to speak up”*** no cumple esa característica, por lo que no podremos insertar un pronombre o sustantivo entre las partículas que lo componen.

Este verbo compuesto se pronuncia como si se tratase de una sola palabra. Los nativos decimos **/ssspíikaap/**, marcando muy bien los sonidos de la **‘s’** inicial y de la **‘p’** final.

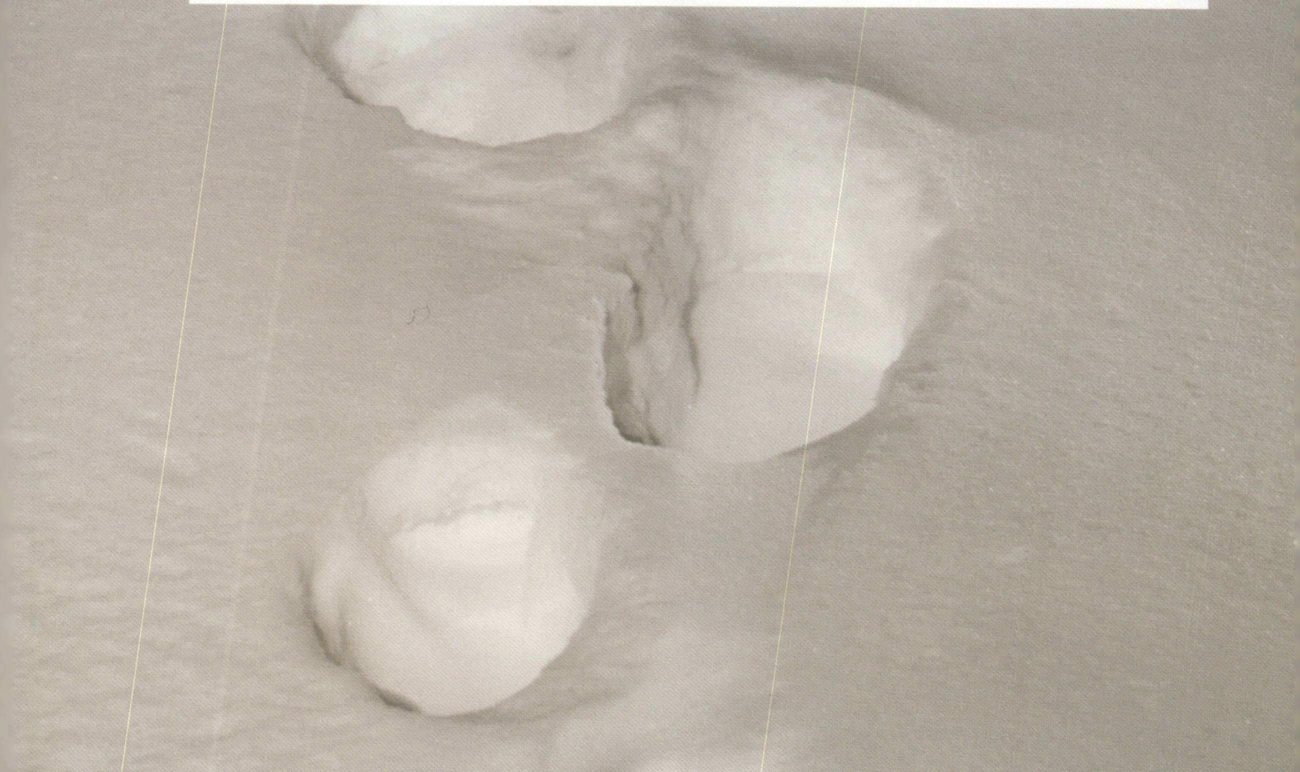

En nuestra primera lista de traducción vamos a utilizar el *phrasal verb* ***"to speak up"*** en contextos en los que significa **'hablar más alto'**. Recuerda que es importante pronunciarlo como si se tratase de una única palabra: **/ssspíikaap/**.

Hable más alto, no le oigo.	**Speak up, I can't hear you.**

En la primera oración hemos utilizado el verbo ***"to hear"*** (**'oír'**). Si quisiéramos decir **'escuchar'**, que implica una mayor atención, habríamos traducido ***"I can't listen to you"***.

Tendrás que hablar más alto si quieres que se fijen en ti.	**You'll need to speak up if you want them to take notice of you.**
¿Puedes hablar más alto? Se oye muy mal. (Hablando por teléfono).	**Can you speak up? It's a terrible line.**

Cuando tenemos una mala recepción al hablar por teléfono, es muy común utilizar la expresión ***"It's a terrible line"***.

No puedo hablar más alto, me duele la garganta.	**I can't speak up; I have a sore throat.**
¿Qué te pasa? ¿Eres hombre o ratón? ¡Habla más alto!	**What's wrong with you? Are you a man or a mouse? Speak up!**
¡Ponte de pie y habla más alto!	**Stand up and speak up!**
Habla más alto, estás en un pub, no en una biblioteca.	**Speak up, you're in a pub, not in a library.**

Continuamos con la expresión *"to speak up"*, esta vez empleándola en contextos en los que significa **'decir lo que uno piensa'**. Tapa la columna de la derecha y traduce los ejemplos en voz alta.

No tengas miedo de decir lo que piensas en la reunión.	**Don't be afraid to speak up during the meeting.**
¡Di lo que piensas, no muerdo!	**Speak up, I don't bite!**
No dije lo que pensaba porque no tenía nada que decir.	**I didn't speak up because I didn't have anything to say.**

¿Recuerdas cómo decimos en inglés **'Dejar de hacer algo'** o **'Rendirse'**?

"To give up"

A veces no es fácil decir lo que uno piensa.	**Sometimes is not easy to speak up.**
Deberías haber dicho lo que piensas cuando te preguntaron.	**You should have spoken up when they asked you.**

¿Recuerdas cómo decimos en inglés **'He tenido tres reuniones en lo que va de día'**?

"So far today, I've had three meetings"

Te creo, pero necesito que me digas lo que piensas.	**I believe you, but I need you to speak up.**

Ahora que tienes más agilidad con el uso del *phrasal verb* ***"to speak up"***, intenta volver a traducir las seis frases de esta página en menos de 40 segundos.

EXPRESIONES COMUNES

Existe en inglés la expresión *"when it comes to..."*, que significa **'en lo que a X se refiere'**. Decimos, por ejemplo, *"He is very particular when it comes to rock music..."*, **'Él es muy particular en lo que a música rock se refiere...'**.

VARIOS SIGNIFICADOS:

Además de significar **'arpa'**, la palabra *"harp"* puede funcionar como verbo en combinación con la preposición *"on"*. *"To harp on"* significa **'dar la tabarra'** o **'insistir con un mismo asunto'**. Por ejemplo: *"my dentist always harps on at me about brushing my teeth properly"*, **'mi dentista siempre me da la tabarra para que me cepille los dientes como es debido'**.

5

PARA SABER MÁS

En este *Paso*, vamos a ver una serie de instrumentos musicales. Como sabrás, se agrupan en **'cuerdas'**, *"strings"*, **'vientos'**, *"woodwind"*, **'metales'**, *"brass"*, y **'percusión'**, *"percussion"*.

¡Pon el CD!
Pista de audio
15

Tener un vocabulario amplio te va a ayudar a sentirte cómodo cuando tengas que expresarte en inglés. Te presentamos ahora ocho palabras imprescindibles. ¡Trabájalas hasta tener un total dominio de ellas!

Vocabulario

Instrumentos musicales

arpa	**harp**	**/hhháaap/**
gaita	**bagpipes**	**/bágpaippps/**
castañuelas	**castanets**	**/castanéts/**
batería	**drums**	**/dráammms/**
trompeta	**trumpet**	**/tráammmpittt/**
flauta	**recorder/flute**	**/ricóoda/ /flúut/**
clarinete	**clarinet**	**/clarinét/**
armónica	**harmonica**	**/hhhaaamónica/**

Ha llegado el momento de ponernos musicales, así que te vamos a mostrar una serie de instrumentos en inglés. Algunos de ellos comparten una grafía parecida en castellano e inglés, pero en la tabla superior podrás observar que su pronunciación es bien distinta.

Tanto ***"harp"***, **'arpa'**, como ***"harmonica"***, **'armónica'**, se pronuncian con una **'h'** aspirada inicial, mientras que sus equivalentes en castellano carecen de ese sonido al comienzo de las mismas. Acostúmbrate a pronunciar /hhháaap/ y /hhhaaamónica/.

Cuando hablamos de tipos de **'flautas'**, en inglés podemos diferenciar entre ***"recorder"***, **'flauta dulce'** y ***"flute"***, que es una **'flauta travesera'**. La palabra ***"recorder"*** también tiene la acepción de **'grabadora'**.

Utilizamos el sustantivo ***"drums"*** para decir **'batería'** y en singular, ***"a drum"*** es un **'tambor'**. Como ya sabrás, el verbo que utilizamos para hablar de **'tocar un instrumento'** es el verbo ***"to play"***, que podemos combinar con los sustantivos que te presentamos en este *Paso*.

En el primer *Paso* de esta entrega estuvimos practicando con la expresión *"I've never..."* para hablar de cosas que no hemos hecho nunca. En este ejercicio, combinaremos esta estructura con el vocabulario sobre instrumentos musicales.

Nunca he tocado la armónica.	**I've never played the harmonica.**
Ella nunca ha ido a un concierto de clarinete.	**She's never been to a clarinet concert.**
Ese artista nunca ha tocado la batería.	**That artist's never played the drums.**
Nunca he visto a nadie tocando las castañuelas y una trompeta a la vez.	**I've never seen anyone playing the castanets and a trumpet at the same time.**

Si dijeras *"I've never seen no one playing the castanets"*, estarías duplicando la negación y por lo tanto anulándola. En el ejemplo anterior debemos utilizar *"anyone"* para referirnos a **'nadie'**.

Nunca he sabido la diferencia entre una flauta dulce y una flauta travesera.	**I've never known the difference between a recorder and a flute.**
Ese músico nunca ha tocado el arpa delante de tanta gente.	**That musician's never played the harp in front of such a crowd.**

En el ejemplo anterior, hemos utilizado el sustantivo *"crowd"*, **'multitud'**, para expresar la idea de **'mucha gente'**.

Nunca he querido ir a un concierto de gaitas en el día de San Patricio.	**I've never wanted to go to a bagpipe concert on St. Patrick's day.**

En este ejercicio vamos a combinar la estructura *"there'll be"*, que vimos en el libro 16, junto con el vocabulario de este *Paso*. Te recordamos que la estructura *"there'll be"*, se utiliza cuando queremos decir **'habrá...'**, si pronunciación correcta es **/dzeelbii/**.

Habrá un concierto gratuito de clarinete.	**There'll be a free clarinet concert.**
¿Tienes flauta?	**Do you have a flute?**
Habrá una exhibición de gente tocando la armónica.	**There'll be an display of people playing the harmonica.**
¿Por qué no vienes a la fiesta? Habrá un hombre tocando la gaita.	**Why don't you come to the party? There'll be a man playing the bagpipes.**

De la misma manera que un músico que toca el piano es ***"a pianist"***, el músico que toca la **'gaita'** es ***"a bag-piper"***.

Habrá mujeres andaluzas tocando las castañuelas en el bar.	**There'll be Andalusian women playing the castanets at the bar.**

Como habrás deducido, el adjetivo ***"Andalusian"*** significa **'andalúz/a'** y debe pronunciarse **/andalúshhheennn/**.

He oído que habrá alguien tocando el arpa.	**I've heard that there'll be someone playing the harp.**
Ven conmigo a la iglesia, habrá un coro de niños cantando y tocando la flauta dulce.	**Come with me to the church, there'll be a choir of children singing and playing the recorder.**

La pronunciación de la palabra ***"choir"***, **'coro'**, dista mucho de su grafía. Los nativos decimos **/kuáiaaa/**.

¿QUÉ VOY A APRENDER?

En el primer *Paso* de esta entrega, practicamos con el adverbio de frecuencia *"never"* para indicar cosas que **'nunca'** hemos hecho. En este *Paso* te presentaremos el adverbio *"ever"* para preguntar si alguien ha hecho algo **'alguna vez'** en su vida.

DISTINTOS SIGNIFICADOS:

La palabra *"argument"*, puede traducirse por **'argumento'**. No obstante, en los ejemplos de este *Paso* la vamos a emplear para referirnos a una **'discusión'**. Decimos, por ejemplo, ***"We had an argument"***, **'Tuvimos una discusión'**.

6

PRONUNCIACIÓN:

Cuando en inglés hacemos preguntas utilizando la estructura ***"Have you...?"*** solemos pronunciar ambas palabras como si se tratase de una sola. Decimos **/hhhávvviuu/**?

¡Pon el CD!
Pista de audio
16

Gramática II

Presente perfecto en interrogativo

En la entrega anterior vimos el presente perfecto en afirmativo y en negativo, y te indicamos que se forma empleando el verbo *"to have"* como auxiliar seguido del participio pasado del verbo principal. Ha llegado el momento de presentarte el uso del presente perfecto en interrogativo.

Para formular preguntas en presente perfecto es importante recordar que, como el verbo *"to have"* es un verbo auxiliar, tendremos que invertir el orden del sujeto con éste.

Afirmativo	**You**	**+**	**have**	**+**	**done**	
Interrogativo	**Have**	**+**	**you**	**+**	**done**	**?**

Recuerda que en el primer *Paso* de esta entrega estuvimos trabajando con la expresión: *"I have never"*, **'yo nunca he'**. Pues bien, para preguntar si alguien ha hecho algo alguna vez **'en su vida'** (un periodo de tiempo que no ha finalizado), también empleamos el presente perfecto en interrogativo, utilizando además la partícula *"ever"*.

I've never eaten pig's ear.	**Have you ever eaten pig's ear?**
Yo nunca he comido oreja de cerdo.	**¿Has comido alguna vez oreja de cerdo?**

Observa que colocamos la partícula *"ever"* entre el sujeto y el participio. Acostúmbrate además a pronunciar *"ever"* con una **'v'** bien marcada: /**évvva**/.

Comenzamos traduciendo una serie de preguntas en presente perfecto. En cuanto al contexto temporal, en los ejemplos de abajo nos estamos refiriendo al pasado más inmediato.

¿Has terminado?	**Have you finished?**

Observa que, como te hemos indicado, para hacer preguntas en presente perfecto, colocamos el auxiliar ***"to have"*** al comienzo seguido del sujeto y del participio del verbo principal.

¿Has comido?	**Have you eaten?**
¿Has ido a Escocia?	**Have you been to Scotland?**
¿Han hablado con Malcolm?	**Have they spoken to Malcolm?**
¿Ha hecho él sus deberes?	**Has he done his homework?**
¿Te han arreglado el coche?	**Have they fixed your car?**

Hay varias formas de decir **'arreglar'** o **'reparar'** en inglés: ***"to fix"***, ***"to mend"***, ***"to repair"*** o, más coloquial, ***"to sort out"***.

¿Has hecho las tareas de casa?	**Have you done the housework?**

A continuación te vamos a presentar una serie de frases en presente perfecto diciéndote si hemos hecho o no determinadas cosas en nuestra vida. Nuestro objetivo es que nos hagas las preguntas con las que se obtendrían las frases que te damos. Recuerda que para preguntar si hemos hecho alguna cosa en nuestra vida es necesario utilizar la estructura ***"have you ever...?"***.

She's never played tennis on grass.	**Has she ever played tennis on grass?**
They've met Roger and Sally.	**Have they ever met Roger and Sally?**
I've never spoken to Tony Blair.	**Have you ever spoken to Tony Blair?**
We've had an argument.	**Have we ever had an argument?**
He's never beaten Nadal.	**Has he ever beaten Nadal?**

'Ganar' se dice ***"to win"***, pero **'derrotar a alguien'** es ***"to beat somebody"***.

She's told a lie.	**Has she ever told a lie?**
They've never been to France.	**Have they ever been to France?**

Muchos alumnos dicen *"I've gone to"* para indicar que han viajado a determinado lugar. Te desaconsejamos que utilices esta estructura y que emplees en su lugar ***"I've been to..."***, puesto que *"I've gone to"* implica que todavía estás allí en inglés.

PARA PROFUNDIZAR...

Ya que vas a estudiar el verbo ***"to leave"***, te enseñamos el *phrasal verb* ***"to leave out"***, que significa **'omitir'**. Por ejemplo ***"he left out a part of the story"***, **'omitió una parte de la historia'**.

RECORDATORIO...

En los ejemplos verás la palabra ***"builder"***, que muchos no nativos pronuncian mal. No te dejes engañar por esa 'u' que no se pronuncia; ***"builder"*** se pronuncia **/bílddda/**.

7

UNA CURIOSIDAD...

En inglés usamos ***"to pay off"*** cuando se trata de **'pagar una deuda en su totalidad'**. Por ejemplo ***"We paid off the mortgage last month"***, **'Liquidamos la hipoteca el mes pasado'**.

¡Pon el CD!
Pista de audio
17

¿Cómo se llega a dominar los verbos irregulares? Por supuesto que no debes limitarte a aprender la tabla de verbos de memoria. ¡Practícalos hasta la saciedad con los ejemplos que te damos en este *Paso* para adquirir la agilidad que necesitas!

Verbos Irregulares

"to begin" "to leave" "to pay"

Empezar / Comenzar	begin /biguínnn/	began /bigánnn/	begun /bigáannn/
Marcharse / Dejar	leave /líivvv/	left /léfttt/	left /léfttt/
Pagar	pay /péi/	paid /péiddd/	paid /péiddd/

Aquí tenemos tres verbos irregulares más para ponerte en forma. Como siempre, empezaremos con un ejercicio de precalentamiento con frases cortas y después practicaremos con una expresión de tiempo.

Lee los ejemplos y el recuadro de arriba con mucha atención: aunque los verbos *"to pay"* y *"to leave"* tienen la misma forma tanto en el pasado simple como en el participio, con *"to begin"* los dos tiempos verbales se parecen mucho pero son distintos, *"began"* con una **'a'** y *"begun"* con una **'u'**.

A estas alturas estarás muy acostumbrado/a a hacer este ejercicio. Así que tapa la columna de la derecha y traduce lo más rápido posible.

Todos los días empiezo.	**Every day I begin.**

Como ocurre con el verbo sinónimo *"to start"*, cuando otro verbo sigue a *"to begin"* éste puede ir en infinitivo o en gerundio sin cambiar el sentido.

Ayer empecé.	**Yesterday I began.**
Últimamente he empezado.	**Lately I've begun.**

Este verbo conlleva los mismos problemas de pronunciación que el verbo *"to drink"* que vimos en la entrega anterior. Tanto el participio, *"begun"* (/bigáannn/), como el pasado simple, *"began"* (/bigánnn/), contienen un sonido de **'a'**. La única diferencia entre los dos es que el sonido de **'a'** en *"begun"* se pronuncia con la mandíbula casi tocando el pecho.

Todos los días él se marcha.	**Every day he leaves.**
Ayer él se marchó.	**Yesterday he left.**
Últimamente él se ha marchado.	**Lately he's left.**
Todos los días pagan.	**Every day they pay.**
Ayer pagaron.	**Yesterday they paid.**
Últimamente han pagado.	**Lately they've paid.**

Ahora, como siempre, seguiremos practicando los tres verbos irregulares en contextos más extensos. La expresión *"towards the end of last year"* significa **'hacia finales del año pasado'**.

Hacia finales del año pasado, empecé en mi nuevo empleo.	**Towards the end of last year, I began my new job.**
Hacia finales del año pasado, los Stevenson se marcharon de España.	**Towards the end of last year, the Stevensons left Spain.**
Hacia finales del año pasado, dejé a mi novia.	**Towards the end of last year, I left my girlfriend.**
Hacia finales del año pasado, Martín pagó el curso.	**Towards the end of last year, Martin paid for the course.**

La preposición *"for"* es imprescindible en el último ejemplo. En inglés siempre pagamos **'por'** cosas físicas. Por lo tanto, cuando decís una frase como **'Tengo que pagar los libros'**, nosotros tenemos que decir *"I have to pay for the books"*. Si omites *"for"*, la frase pierde todo su sentido, ya que no podemos dar dinero a objetos inanimados.

Hacia finales del año pasado, Sally empezó a estudiar español.	**Towards the end of last year, Sally began to study Spanish.**
Hacia finales del año pasado, empecé a sentir un dolor en el tobillo.	**Towards the end of last year, I began to feel pain in my ankle.**

No olvides que la palabra *"ankle"*, **'tobillo'**, suena parecida a la palabra *"uncle"*, **'tío'**. La única diferencia es que hay que bajar la mandíbula cuando dices *"uncle"* */áankl/*. La **'a'** de *"ankle"* es igual que una **'a'** castellana.

Hacia finales del año pasado, dejé la empresa para siempre.	**Towards the end of last year, I left the company for good.**

SABER ALGO MÁS...

'Más tiempo' se suele traducir como *"longer"* cuando funciona como complemento circunstancial de tiempo: ***"Women usually live longer than men"***. Y cuando **'más tiempo'** funciona por ejemplo como complemento directo, se traduce como *"more time"*: ***"I need more time"***.

8

UNA CURIOSIDAD...

En inglés, usamos el participio del verbo ***"to go"*** (*"gone"* /**góonnn**/) para expresar que algo está **'desaparecido'**. Decir que alguien o algo ***"is gone"*** no significa que algo está 'ido' sino que ha **'desaparecido'**.

VOCABULARIO...

"By the way" es nuestra forma de decir **'por cierto'**. Hoy en día, por la proliferación de comunicación por mensajes SMS y chat online, es muy común usar las siglas ***"BTW"*** (/**bíi tíi dáabeliú**/)

Una de las claves del éxito para aprender cualquier idioma es la capacidad de entender y ser entendido. Si no tienes una buena comprensión auditiva del inglés, no podrás usarlo en el mundo real, lejos de la comodidad que proporcionan las aulas.

Comprensión Auditiva

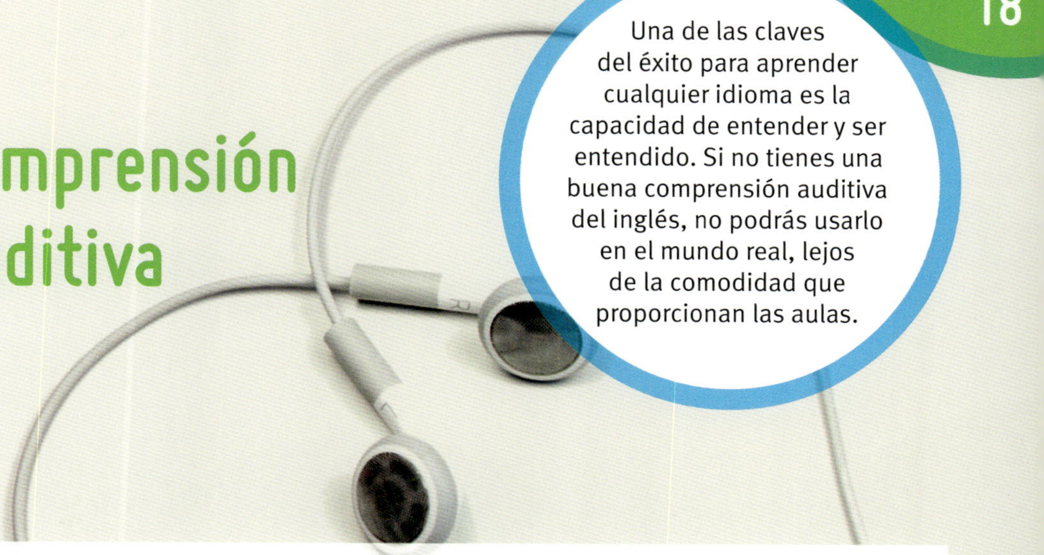

En este *Paso* te pondremos a prueba cada semana con la locución de un texto en inglés cotidiano. Primero, pon el audio y mientras lo escuchas, intenta contestar a las cinco preguntas de esta página. Después, en la página siguiente, lee dicho texto en inglés y las anotaciones que te ofrecemos. Si es necesario, vuelve a escuchar el audio y contesta cualquier pregunta que no hayas sabido responder antes. Para terminar, en la página **85** puedes encontrar la traducción del párrafo al castellano y las respuestas a las preguntas de abajo. ¡Compruébalas!

1. **Where did Justin go the other day?**

2. **How was it?**

3. **What were they offered?**

4. **How long did they stay there for?**

5. **What did they discover when they got back to the car?**

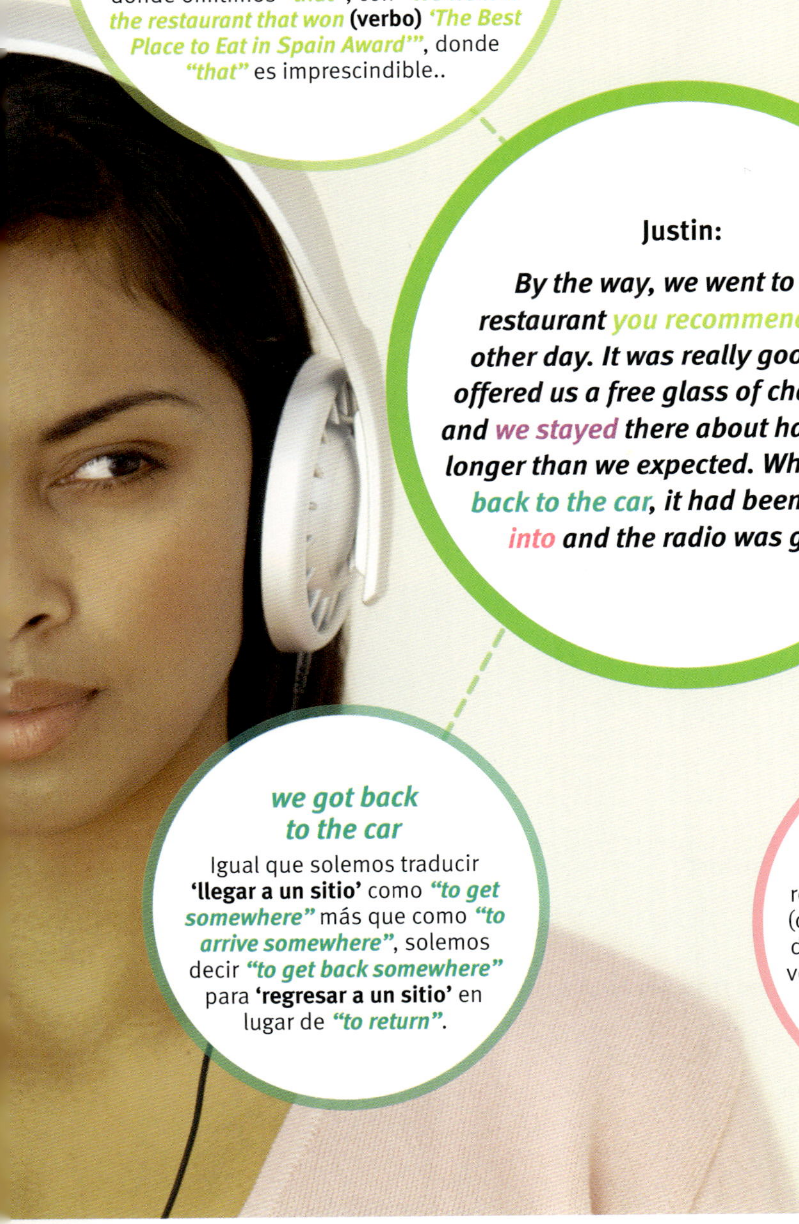

Justin:

By the way, we went to that restaurant you recommended the other day. It was really good. They offered us a free glass of champagne and we stayed there about half an hour longer than we expected. When we got back to the car, it had been broken into and the radio was gone.

you recommended

No hemos empleado la palabra *"that"*, **'que'**, después de *"restaurant"* en la primera frase del párrafo. Solemos omitirla cuando le sigue el sujeto de otra oración. En cambio, cuando le sigue directamente un verbo, es obligatorio emplearla. Compara: *"We went to the restaurant* **(sujeto)** *you recommended"*, donde omitimos *"that"*, con *"We went to the restaurant that won* **(verbo)** *'The Best Place to Eat in Spain Award'"*, donde *"that"* es imprescindible..

we stayed

Cuando hablamos de **'quedarnos'** algún tiempo en un sitio, empleamos el verbo *"to stay"*. ¡No cometas el error de traducir **'estar'** como *"stay"*!

we got back to the car

Igual que solemos traducir **'llegar a un sitio'** como *"to get somewhere"* más que como *"to arrive somewhere"*, solemos decir *"to get back somewhere"* para **'regresar a un sitio'** en lugar de *"to return"*.

broken into

Empleamos el verbo *"to break into"* cuando nos referimos a **'forzar una puerta'** (de un edificio, de un vehículo, de una caja fuerte, etc.) y no el verbo *"to force"*. Se trata de un verbo que suele expresarse en voz pasiva.

Justin:

Por cierto, fuimos a ese restaurante que recomendaste el otro día. Fue realmente bueno. Nos ofrecieron una copa de champán gratis y nos quedamos allí más o menos media hora más de lo que esperábamos. Cuando volvimos al coche, había sido forzado y la radio había desaparecido.

1. **Where did Justin go the other day?**
   He went to the restaurant that the other person recommended.
2. **How was it?**
   It was really good.
3. **What were they offered?**
   They were offered a free glass of champagne.
4. **How long did they stay there for?**
   They stayed there for half an hour longer than expected.
5. **What did they discover when they got back to the car?**
   They discovered that it had been broken into and that the radio was gone.

Si no supiste contestar alguna de las preguntas, vuelve a poner el audio e inténtalo de nuevo. Estamos seguros de que ahora te será mucho más fácil contestar.

PRONUNCIACIÓN (I)

La **'s'** que se encuentra en el genitivo sajón en los ejemplos de este *Paso* es la **'s'** líquida **/sss/**. Es decir, ***"in five minutes' time"*** se pronuncia ***"in five* /mínitsss/ *time"***. Y recuerda que ***"minute"*** es **/mínit/**, ¡sin rastro de 'u'!

PRONUNCIACIÓN (II)

Entre la multitud de términos de este *Paso* aparece la palabra ***"debt"***, **'deuda'**. Que no se te olvide que la **'b'** es muda, por lo cual tienes que decir **/dddéttt/** y no /dddébttt/.

9

PRONUNCIACIÓN (III)

Seguramente estarás pronunciando bien ***"fortnight"*** así: **/fórtnait/**. No obstante, queríamos avisarte de que muchos nativos eliminan la primera **'t'** **/fóonnnaittt/** (y a veces la segunda también: **/fóonnnai/**). De todos modos, el énfasis siempre recae en la primera sílaba.

¡Pon el CD!
Pista de audio
19

Números... ¡A paso ligero!

In five minutes' time

La expresión **'dentro de x tiempo'** es curiosa en inglés, ya que decimos literalmente **'en el tiempo de x minutos/horas/días, etc'**.

Esta expresión requiere el uso del genitivo sajón. Recuerda que, a no ser que estés hablando de **un** minuto, de **una** hora o de **un** día, el apóstrofo debe escribirse después de la **'s'** del plural.

Dentro de un minuto.	**In one minute's time.**
Dentro de dos horas.	**In two hours' time.**
Dentro de cinco meses.	**In five months' time.**
Dentro de diez años.	**In ten years' time.**

Mientras practicas el uso de la estructura que nos ocupa, irás reforzando varias formas del futuro: el futuro con *"going to"*, el futuro con *"will"* y el futuro con el **presente continuo**.

Estaré ahí dentro de cinco minutos.	**I'll be there in five minutes' time.**
Terminaremos dentro de una hora.	**We'll finish in an hour's time.**

Solemos encadenar *"an"* y *"hour"*, dando lugar a /anáua/.

Nos vemos dentro de tres semanas.	**I'll see you in three weeks' time.**

Cuando en castellano se dice **'nos vemos'**, en inglés decimos **'te veré'**.

Se casan dentro de cinco meses.	**They are getting married in five months' time.**
Sabremos el resultado dentro de un par de horas.	**We'll know the result in a couple of hours' time.**
Me voy de la oficina dentro de treinta segundos.	**I'm leaving the office in thirty seconds' time.**
(Ella) se va del país dentro de dos horas.	**She's leaving the country in two hours' time.**

Seguimos con varios usos de esta estructura. Ya estarás más cómodo con *"in ...'s time"*; si cometes algún error con ella en los ejemplos aquí abajo, vuelve a empezar por el primer ejemplo de la página anterior.

Voy a Londres dentro de cuatro días.	**I'm going to London in four days' time.**
El tráfico debería ser mejor dentro de un par de horas.	**The traffic should be better in a couple of hours' time.**
John se jubila dentro de cinco meses.	**John's retiring in five months' time.**

¿Cómo se dice **'arpa'** en inglés?

"Harp"

El tren sale dentro de cinco minutos.	**The train is leaving in five minutes' time.**
La final tendrá lugar dentro de una quincena.	**The final will take place in a fortnight's time.**
Tenemos que irnos dentro de veinte minutos.	**We have to leave in twenty minutes' time.**
Habré liquidado mi deuda dentro de dos años.	**I'll have paid off my debt in two years' time.**

Recuerda que destacamos en el *Paso 7* que, cuando hablamos de **'pagar una deuda en su totalidad'**, solemos usar el *phrasal verb "to pay off"*.

NI SE TE OCURRA

Decir frases erróneas del tipo *"I've never gone to France"*, **'Nunca he estado en Francia'**. La versión correcta, ***"I've never been to France"*** emplea ***"been"*** en lugar de *"gone"*.

NO OLVIDES QUE

El adverbio de frecuencia ***"always"*** no se pronuncia /ólgüeis/ sino **/óolueis/**. Haz un esfuerzo especial para decirlo como nosotros y asegurarte así de que te entendamos los nativos.

10

¿QUÉ DEBO EVITAR?

Traducir frases del estilo **'Nunca he visto un tigre'** como *"I never have seen a tiger"*. Tienes que decir ***"I've never seen a tiger"*** colocando ***"never"*** después de ***"have"***.

¡Pon el CD!
Pista de audio 20

¡El rePaso!

¡Ha llegado la hora del test final! El repaso es la clave del éxito y nunca lo podemos olvidar. ¿Has logrado hacerte con todas las palabras, estructuras y sonidos de esta entrega? No sólo se trata de entenderlas, sino también de reproducirlas con confianza y soltura.

Nunca he comido tostadas con paté de jirafa.	**I've never eaten giraffe pate on toast.**
Nunca le he enseñado inglés al Rey de España.	**I've never taught the King of Spain English.**

También podríamos haber traducido la frase anterior como ***"I've never taught English to the King of Spain"***.

Él nunca ha entendido por qué los ingleses conducen por el lado izquierdo de la carretera.	**He's never understood why the English drive on the left side of the road.**
Mi decisión final no tiene nada que ver contigo.	**My final decision has nothing to do with you.**
Los asuntos económicos no tienen nada que ver con el arte.	**Economics has nothing to do with art.**

La palabra ***"economics"*** significa tanto **'asuntos o aspectos económicos'** como la ciencia **'economía'.** Sin embargo, cuando se trata de la **'economía'** de un país, decimos ***"the economy"***.***"Economics"*** casi siempre va junto con el verbo en singular.

Lo siento, esta conversación no tiene nada que ver contigo.	**I'm sorry, this conversation has nothing to do with you.**
Siempre he comprado el mismo periódico.	**I've always bought the same newspaper.**

Recuerda que colocamos el adverbio *"always"* entre el auxiliar *"have"* y el verbo principal.

Siempre he comido muchas verduras.	**I've always eaten a lot of vegetables.**
Tendrás que hablar más alto si quieres que se fijen en ti.	**You'll need to speak up if you want them to take notice of you.**
¿Puedes hablar más alto? Se oye muy mal. (Hablando por teléfono).	**Can you speak up? It's a terrible line.**

Cuando tenemos una mala recepción al hablar por teléfono, es muy común utilizar la expresión *"It's a terrible line"*.

¿Qué te pasa? ¿Eres hombre o ratón? ¡Habla más alto!	**What's wrong with you? Are you a man or a mouse? Speak up!**
Nunca he sabido la diferencia entre una flauta dulce y una flauta travesera.	**I've never known the difference between a recorder and a flute.**
Ese músico nunca ha tocado el arpa delante de tanta gente.	**That musician's never played the harp in front of such a crowd.**
Habrá mujeres andaluzas tocando las castañuelas en el bar.	**There'll be Andalusian women playing the castanets at the bar.**

El adjetivo *"Andalusian"* significa **'andalúz/a'** y se pronuncia /andalúshhheennn/.

Formula las preguntas con las que se obtendrían las tres frases siguientes en la columna de la izquierda.

She's never played tennis on grass.	**Has she ever played tennis on grass?**
They've never been to France.	**Have they ever been to France?**
We've had an argument.	**Have we ever had an argument?**

Hacia finales del año pasado, empecé a sentir un dolor en el tobillo.	**Towards the end of last year, I began to feel pain in my ankle.**

No olvides que la palabra *"ankle"*, **'tobillo'**, suena parecida a la palabra *"uncle"*, **'tío'**. La única diferencia es que hay que bajar la mandíbula cuando dices *"uncle"* **/áankl/**. La **'a'** de *"ankle"* es igual que una **'a'** castellana.

Hacia finales del año pasado, dejé la empresa para siempre.	**Towards the end of last year, I left the company for good.**
Hacia finales del año pasado, Martín pagó el curso.	**Towards the end of last year, Martin paid for the course.**

En inglés siempre pagamos **'por'** cosas físicas. Por lo tanto, cuando decís una frase como **'Tengo que pagar los libros'**, nosotros tenemos que decir *"I have to pay for the books"*. Si omites *"for"*, la frase pierde todo su sentido, ya que no podemos dar dinero a objetos inanimados.

Fuimos a ese restaurante que recomendaste el otro día.	**We went to that restaurant you recommended the other day.**
Nos quedamos allí más o menos media hora más de lo que esperábamos.	**We stayed there about half an hour longer than we expected.**
Nos vemos dentro de tres semanas.	**I'll see you in three weeks' time.**
Terminaremos dentro de una hora.	**We'll finish in an hour's time.**
Me voy de la oficina dentro de treinta segundos.	**I'm leaving the office in thirty seconds' time.**

¡No te engañes! Si no dedicas un mínimo de **20 minutos al día** para repasar y afianzar los conocimientos que te acabamos de enseñar, habrás perdido tu tiempo. El éxito para aprender un idioma depende sólo de una cosa: del esfuerzo continuo del alumno.

nivel

avanzado

¡A Luigi es que le entiendo todo!

Lorenzo era un buen amigo mío que trabajaba como directivo en una multinacional, por lo que su trabajo siempre le obligaba a viajar y a desarrollarse en situaciones de alta tensión en las que sólo se hablaba en inglés.

La verdad es que tenía bastante suerte porque tenía colegas de varios países europeos y todos ellos se encontraban en la misma situación incómoda a la hora de realizar su trabajo en inglés. ¿Todos los compañeros? Bueno, todos no. Todavía, por desgracia, había un núcleo de irreductibles ingleses que, para colmo, eran los grandes jefes ya que la empresa era británica.

Lorenzo siempre me venía con la misma queja: "¡Es que a Luigi le entiendo todo! El problema son los de tu país".

Estamos ante una situación bastante común que saca de quicio a muchos ejecutivos españoles en sus viajes de negocios por el mundo. ¿Cómo es que entienden a la perfección a sus colegas franceses, italianos y portugueses cuando hablan en inglés pero no entienden ni la mitad de lo que les dicen los ingleses y norteamericanos?

La respuesta es muy fácil. **Un extranjero, del país que sea, suele emplear las mismas estructuras y un vocabulario muy reducido que suele ser el inglés que se aprende en todos los colegios del mundo**. Si encima el individuo proviene de un país de raíces lingüísticas latinas, está claro que las traducciones literales (en muchas ocasiones barbaridades) que se hacen te ayudarán a entender sin problemas a otras personas que comparten las mismas raíces.

Un inglés o un norteamericano, sin embargo, no hablan como se enseña en los libros de texto. Su inglés es real con todos sus inconvenientes: contracciones, palabras desaparecidas en acción, frases idiomáticas, irregularidades, argots y una larga lista de etcéteras.

Llegar a entender a un italiano cuando habla inglés supone indudablemente un primer paso importante en el aprendizaje del inglés y un gran salto en la autoconfianza.

No obstante, entender a la primera a un nativo debe ser el objetivo de cualquier estudiante de inglés. Cuanto más inglés escuches, más factible se hará este objetivo.

Lo que vas a ver en el nivel avanzado...

1

Trabajarás la estructura ***"to get used to"*** seguida de sustantivos y gerundios.

2

Practicarás la expresión ***"unless"*** con ejemplos en contextos reales.

3

Perfeccionarás tu pronunciación de la palabra ***"August"***.

4

Aprenderás otro *phrasal verb* nuevo, ***"to catch up"***.

5

En la sección de vocabulario aprenderás ocho deportes que terminan con ***"ing"***.

6

Trabajarás ***"to be used to"*** cuando va seguido de sustantivos y gerundios.

7

Los verbos irregulares ***"to feed"***, ***"to show"*** y ***"to lend"***.

8

Nuestro ejercicio de **comprensión auditiva**.

9

Números: usos del término **'docena'** en inglés.

10

Un **rePaso** de todo el nivel.

PARA PROFUNDIZAR

En inglés, como bien sabrás, no existe la forma **'usted'**. Lógicamente, tampoco existe un equivalente al verbo **'tutear'**. Lo más próximo que tenemos es ***"to call someone by their first name"*** (como verás en el último ejemplo de este *Paso*) o ***"to be on first name terms with someone"***. Pero, hoy en día, es cada vez más raro utilizar estos dos conceptos.

SABER MÁS

Un uso de ***"to get used to"*** que te conviene asimilar es ***"I'm getting used to it"*** (**'me estoy acostumbrando a ello'**). Por ejemplo, si te mudaras a un país angloparlante y te preguntaran si te gusta la comida, una manera diplomática de decir que **'no'** sería: ***"I'm getting used to it!"***.

1

PRONUNCIACIÓN

La palabra ***"accent"*** se pronuncia **/áksssennnttt/**; asegúrate de marcar bien el sonido **/k/** antes del sonido **/sss/**.

¡Pon el CD!
Pista de audio
21

Gramática I

Get used to

En esta entrega vamos a ver dos verbos que se parecen un poco a una estructura que vimos en la entrega anterior (***"used to…"*** para decir **'solía…'** o **'antes…'**) pero que en realidad no tienen nada que ver. Estamos hablando de ***"to get used to"***, **'acostumbrarse a algo'** y ***"to be used to"***, **'estar acostumbrado a algo'**.

Más adelante estudiarás cómo emplear ***"to be used to",*** pero en este *Paso* nos ceñimos al uso de las dos estructuras que destacamos en el recuadro aquí abajo:

to get used to	**+**	**sustantivo**
to get used to	**+**	**verbo**

Como en otras muchas ocasiones, el verbo ***"to get"*** aquí indica un proceso; en este caso el proceso de acostumbrarse a algo.

Ten en cuenta que pronunciamos ***"used to"*** como si de una palabra se tratara: **/iússstttu/**.

Me acostumbré al idioma español muy rápidamente.	**I got used to the Spanish language very quickly.**
Me estoy acostumbrando al acento de mi nuevo profesor.	**I'm getting used to my new teacher's accent.**
No me he acostumbrado a mi nuevo jefe aún.	**I haven't got used to my new boss yet.**
¿Cuánto tardaste en acostumbrarte a mis métodos?	**How long did it take you to get used to my methods?**
Me acostumbré al uniforme después de un mes.	**I got used to the uniform after a month.**

En prácticamente todas las palabras en inglés que empiezan por ***"uni-"*** y que también se parecen a palabras castellanas, la **'u'** se pronuncia /iu/ como la palabra ***"you"***. Por ejemplo: ***"university"***, ***"uniform"***, ***"unification"***, ***"unique"***, etc.

Tardé mucho tiempo en acostumbrarme a mi nueva casa.	**It took a long time for me to get used to my new house.**

'Mucho tiempo' se dice *"a long time"* y no *"much time"*.

Nunca me acostumbraré al sentido del humor inglés.	**I will never get used to the English sense of humour.**

Cuando uno se acostumbra a hacer algo, ponemos este segundo verbo en **gerundio** (acabando en ***"ing"***). Es importante recordar que los dos verbos que tienen algo que ver con acostumbrarse, sea el proceso de acostumbrarse (***"to get used to"***) o el hecho de estar acostumbrado (***"to be used to"***), van seguidos de gerundio.

Jack se está acostumbrando a vivir en España en estos momentos.	**Jack is getting used to living in Spain right now.**

El error que nos aterroriza con muchísima frecuencia es el de no añadir *"ing"* al final del verbo después de *"used to"*. No se puede decir *"Jack is getting used to live in Spain..."*, ¡nunca!

No creo que Graham se acostumbre nunca a vivir en España.	**I don't think Graham will ever get used to living in Spain.**

Cada vez que vemos una película norteamericana doblada al castellano se nos parten los tímpanos cuando aparece un personaje que se llama *"Graham"* y lo pronuncian como /grajjjjjám/. Supone una falta de respeto hacia todas aquellas personas con este nombre que, en realidad, se pronuncia **/gréiammm/**.

Me acostumbré a conducir por la derecha en muy poco tiempo.	**I got used to driving on the right very quickly.**
¿Te has acostumbrado a levantarte pronto en tu nuevo trabajo?	**Have you got used to getting up early with your new job?**

"Early" se pronuncia **/éelii/** y no /érlii/.

El hijo de dos años de Henry está acostumbrándose a lavarse los dientes.	**Henry's two-year-old son is getting used to brushing his teeth.**
Nunca me acostumbraré a llamar al jefe por su nombre de pila.	**I'll never get used to calling the boss by his first name.**

PRONUNCIACIÓN (I)

La sílaba tónica de ***"unless"*** es la segunda; es decir, que se pronuncia con énfasis en la última sílaba: **/aannnlésss/**.

2

PRONUNCIACIÓN (II)

El término ***"recession"*** , **'recesión'**, se pronuncia **/ressséshaannn/**, con el énfasis en la segunda y no en la tercera sílaba.

UNA CURIOSIDAD

En inglés solemos decir ***"to go according to plan"***, **'ir según el plan'**, sin el artículo *"the"*. Otra forma de expresar lo mismo sería: ***"to go as planned"***.

¡Exprésate como un nativo!

UNLESS

/aannnlésss/

A no ser que...

Una expresión que a veces siembra algo de confusión en cuanto a su uso correcto entre los no nativos es ***"unless"***. El problema tiene su origen en el hábito (no siempre correcto) de decir su equivalente en castellano de la siguiente manera: 'a no ser que tú **no** vayas...'. En inglés, después de ***"unless"*** el verbo suele ir en afirmativo y cuando hablamos del futuro, en presente simple.

Otra manera de pensar en ***"unless"*** es como si fuera la negación de ***"if"***. Compara los siguientes ejemplos:

- ***"I'll eat it all if you don't come"***.
- ***"I'll eat it all unless you come"***.

Son dos formas de decir:

- **'Me lo comeré todo si no vienes'**.

Con la buena pronunciación de *"unless"* que destacamos en la página anterior, traduce en voz alta las siguientes frases.

No iré **a no ser que** tú vengas conmigo.	**I won't go unless you come with me.**

La planta no crecerá **a no ser que** la riegues.	**The plant won't grow unless you water it.**

¡Buenas noticias! Decir **'regar'** en inglés es muy fácil; se dice *"to water"* y se pronuncia igual que el sustantivo *"water"*.

Estaré allí a las ocho de la mañana **a no ser que** me digas lo contrario.	**I'll be there at 8.00 a.m. unless you tell me otherwise.**

"Otherwise" se pronuncia /áazaauais/.

Él tomará el control de la empresa entera **a no ser que** hagamos algo.	**He'll take over the whole company unless we do something.**

Harán lo que quieran **a no ser que** alguien les plante cara.	**They'll do whatever they want unless someone stands up to them.**

Esperamos que no estés pronunciando la *"un"* de *"unless"* como **'universitario'** en castellano. En inglés *"un"* **+ consonante** se dice con la boca bien abierta, como /áannn/.

A no ser que te aclares las ideas, nunca ganarás el primer premio.	**Unless you get your ideas together, you'll never win first prize.**

Seguimos con ejemplos de *"unless"*. En el primer ejemplo de esta página, se emplea el verbo modal *"should"* en lugar de *"will"* o *"going to"* ya que hay duda sobre el resultado.

A no ser que suceda algo inesperado, todo debería ir según el plan.	**Unless something unexpected happens, everything should go according to plan.**
No cerrará la fábrica **a no ser que** haya una importante recesión.	**The factory won't close down unless there's a major recession.**
No te permitiré salir esta noche **a no ser que** ordenes tu habitación.	**I won't let you go out tonight unless you tidy your room.**

"Tidy" se pronuncia **/tttáidddii/**.

El hermano de Jim dijo que no vendría **a no ser que** tú le llames personalmente.	**Jim's brother said he wouldn't come unless you call him personally.**
Tendremos que seguir adelante con el plan original **a no ser que** tengas una idea mejor.	**We'll have to go ahead with the original plan unless you have a better idea.**
Mi jefe me dijo que no aprobará el presupuesto **a no ser que** él reciba un desglose más detallado.	**My boss told me that he won't approve the budget unless he receives a more detailed breakdown.**

La palabra *"breakdown"* es realmente versátil. Además de significar **'desglose de cifras'**, se puede traducir como **'avería'** de una máquina o vehículo, e incluso se entiende como **'crisis nerviosa'**.

El partido será suspendido **a no ser que** cambie radicalmente el tiempo.	**The match will be called off unless the weather changes radically.**

PRONUNCIACIÓN

La palabra ***"autumn"***, igual que ***"August"***, empieza con el sonido vocálico **/oo/**; **/óotttaammm/**.

ASPECTO CULTURAL

Recuerda que en Estados Unidos y Gran Bretaña muchas veces se usan las **'pulgadas'**, ***"inches"***, y los **'pies'**, ***"feet"***, en lugar de los centímetros y los metros. ***"1 inch"*** = 2.54 centímetros y ***"1 foot"*** = 30.48 centímetros.

3

SABER MÁS

La palabra ***"august"***, que es un adjetivo (y que se escribe con minúscula), significa **'prestigioso'** o **'augusto'** y se pronuncia igual que el mes, ***"August"***, pero con el énfasis en la segunda sílaba; **/oogggáasssttt/**.

¡Pon el CD!
Pista de audio
23

¡No queremos que tengas una mala experiencia lingüística cuando quieras expresarte! Para que los angloparlantes te entiendan, entre otras cosas es imprescindible una buena pronunciación.

Pronunciación

Veamos cómo se pronuncia...

AUGUST

/augussst/

¡No pases!

/óogggaasssttt/

¡Puedes pasar!

Las dos letras que aparecen al principio de la palabra inglesa ***"August"*** despistan a muchos no nativos, sobre todo a la gente hispanohablante. Como las palabras **'agosto'** y ***"August"*** se parecen tanto, mucha gente pronuncia el vocablo inglés así: /augussst/. Esto es completamente incorrecto. El sonido vocálico al principio de la palabra se pronuncia igual que el sonido vocálico en la palabra ***"more"***: /oo/.

Traduce estas frases al inglés. Además del sonido /oo/ al principio de la palabra, no olvides la **'t'** fuerte al final.

El cumpleaños de Tom es en agosto, ¿verdad?	**Tom's birthday is in August, right?**

No se puede decir *"on August"* ni *"on"* + cualquier mes.

No, el cumpleaños de Jack es en agosto. El de Tom es en julio.	**No, Jack's birthday is in August. Tom's is in July.**
Llega a hacer un calor ridículo aquí en agosto.	**It gets ridiculously hot here in August.**
La pluviosidad media de esta ciudad en agosto es de 3,9 pulgadas.	**Average rainfall in this city in August is 3.9 inches.**
Agosto es mi mes favorito del año con diferencia.	**August is, by far, my favourite month of the year.**
¡Qué ganas tengo de mis vacaciones en agosto!	**I can't wait until my holiday in August!**

MINI TEST

Utiliza las palabras necesarias de abajo para traducir **'Jack se está acostumbrando a vivir en España en estos momentos'**.

live | right | used | Jack | Spain | usually | in | to | getting | living | now | is

Respuesta: ***„Jack is getting used to living in Spain right now".***

En esta página te ponemos a prueba con frases más difíciles con la palabra estrella de este *Paso*: ***"August"***.

Cada agosto Madrid se convierte en una ciudad fantasma.	**Every August Madrid turns into a ghost town.**

Aunque Madrid sea ***"a city"*** y no *"a town"*, se dice ***"a ghost town"***, ya que se trata de una frase hecha.

El agosto pasado mi primo apareció de la nada para visitarme.	**Last August my cousin turned up out of the blue to visit me.**

¡Juraría que cada agosto el tiempo se pone más caluroso!	**I could swear every August the weather gets hotter!**

¿Cómo se dice **'me acostumbré al uniforme después de un mes'**?

"I got used to the uniform after a month"

Voy para Argentina en agosto.	**I'm heading to Argentina in August.**

En agosto hicimos senderismo en Noruega.	**In August we went hiking in Norway.**

Practicarás ***"to go hiking"*** y otras actividades deportivas en el *Paso* 5.

Cuando esté fuera en agosto, Fred será el responsable de los gastos.	**When I'm away in August, Fred will be in charge of expenses.**

SABER ALGO MÁS...

¿Cuántas formas sabes de traducir **'te llamaré'** en inglés? Pues tenemos: ***"I'll phone you"***, ***"I'll call you"***, ***"I'll ring you"*** y ***"I'll ring you up"***, por nombrar algunas.

PRONUNCIACIÓN

Incluso los alumnos más avanzados a veces pronuncian mal ***"could"***. Recuerda que tienes que pronunciarlo **/cúddd/** sin rastro alguno de la 'l'.

SINÓNIMOS

Al traducir **'juntarse/reunirse (con amigos en ambientes informales)'** se puede decir tanto ***"to get together"*** como ***"to meet up"***.

¡Pon el CD!
Pista de audio
24

No es necesario aprender todos los *phrasal verbs* que existen, pero sí dominar los más comunes. Si practicas a tope un único *phrasal verb* cada semana, tu inglés dará pasos de gigante.

Phrasal Verbs
¡Un Paso de Gigante!

"to catch up with"

Hoy presentamos un verbo que significa **'ponerse al día'**, tanto en el contexto laboral (ponerse al día con el trabajo) como personal (ponerse al día con alguien).

En este caso no puedes añadir nada entre el verbo y las dos preposiciones, que se pueden considerar una unidad inseparable. Es decir, si quieres decir **'me puse al día con ello'** hay que decir ***"I caught up with it"*** (con ***"it"*** al final). Veamos unos ejemplos:

Yo tenía mucho trabajo que hacer pero ya me he puesto al día con ello.	**I had a lot of work to do but I've already caught up with it.**
No tenías mucho trabajo que hacer. ¿Por qué no te has puesto al día con ello aún?	**You didn't have much work to do. Why haven't you caught up with it yet?**

Otro punto importante es que si no mencionamos con qué tenemos que ponernos al día, simplemente decimos ***"to catch up"***. Por ejemplo, si hace mucho que no ves a un amigo y queréis quedar para poneros al día, es común decir: ***"we have to catch up soon"***.

Empezaremos centrándonos en ***"to catch up with"*** en el contexto de **'ponerse al día con el trabajo'**. Para decir **'trabajo acumulado'** en inglés puedes recurrir al término ***"backlog"***.

Tengo que ponerme al día con un montón de trabajo.	**I have a lot of work to catch up with.**
Una vez que me haya puesto al día con todo mi trabajo, te llamaré para organizar una reunión.	**Once I've caught up with all my work, I'll phone you to arrange a meeting.**
No puedo ponerme al día con este trabajo acumulado sola. ¿Puedes echarme una mano?	**I can't catch up with this backlog on my own. Can you give me a hand?**

Procura no mezclar ***"on my own"*** y ***"by myself"***. Las dos significan lo mismo, así que a veces oímos cosas como: *"by my own"*, ¡que hay que evitar a toda costa!

Tenemos que ponernos al día con nuestro trabajo. ¿Te importaría hacer unas horas extra?	**We need to catch up with our work. Would you mind working a couple of extra hours?**

'Hacer horas extra' también se puede traducir como ***"to do overtime"*** y **'unas horas extra'** también podría ser ***"a bit of overtime"*** o ***"some overtime"***.

No puedo ponerme al día con este montón de trabajo acumulado con tantas distracciones.	**I can't catch up with this massive backlog with so many distractions.**
No habría podido ponerme al día sin tu ayuda. ¡Muchas gracias!	**I wouldn't have been able to catch up without your help. Thanks a lot!**
¿Cuándo voy a poder ponerme al día con todo lo que tengo que hacer?	**When am I going to be able to catch up with all the things I need to do?**

Ahora seguiremos con ***"to catch up"***, pero esta vez en contextos sociales, en los que los amigos **'nos ponemos al día'**. Si ya has dicho con quién vas a ponerte al día, sólo tienes que decir ***"to catch up"*** a secas, mientras que si quieres especificar con quién te estás poniendo al día, dirás ***"to catch up with..."***.

Cuando nos juntemos el viernes, podemos ponernos al día.	**When we get together on Friday, we can catch up.**
¡Hace siglos que no te veo! ¡De verdad que tenemos que ponernos al día!	**I haven't seen you for ages! We really have to catch up!**
Bueno, ¿qué tal está Grace? ¡Me encantaría ponerme al día con ella algún día de estos!	**So, how's Grace doing? I'd love to catch up with her one of these days!**

> Ten cuidado al traducir **'algún día de estos'**. No valen traducciones del tipo *"one day of these"*. Di siempre ***"one of these days"***.

Sería genial si pudiéramos ponernos al día dentro de poco. ¿El viernes te viene bien?	**It'd be great if we could catch up soon! How does Friday suit you?**

> La frase **'¿El viernes te viene bien?'** también se puede traducir como ***"Does Friday work for you?"***.

Ella me dijo que podríamos ponernos al día pronto.	**She told me that we could catch up soon.**
Tengo que ponerme al día con tanto trabajo que no he tenido la oportunidad de ponerme al día con mis amigos.	**I have so much work to catch up with that I haven't had the chance to catch up with my friends.**
Tienes toda la razón. Deberíamos quedar y ponernos al día alguna vez.	**You're so right. We should definitely meet up and catch up sometime.**

UNA CURIOSIDAD

Mientras que **'un casco'** es ***"a helmet"*** (pronunciado **/hhhélmittt/**) en inglés, **'un casco de montar (a caballo)'** se llama ***"a riding hat"***.

SABER MÁS

Aunque la palabra **'lobo'** en singular es ***"wolf"*** en inglés, el plural se deletrea de forma un poco irregular, así: ***"wolves"***. Has de pronunciarlo **/uúlvvvs/** con una **'v'** vibrada. ¿Y **'hombre lobo'**? Eso es un ***"werewolf"***, **/uée_uúlf/**.

PARA PROFUNDIZAR

'Surf' se dice ***"surfing"*** en inglés (pronunciado **/séefing/**); y si te estás preguntando cómo se dice **'tabla de surf'**, aquí lo tienes: ***"surfing board"***.

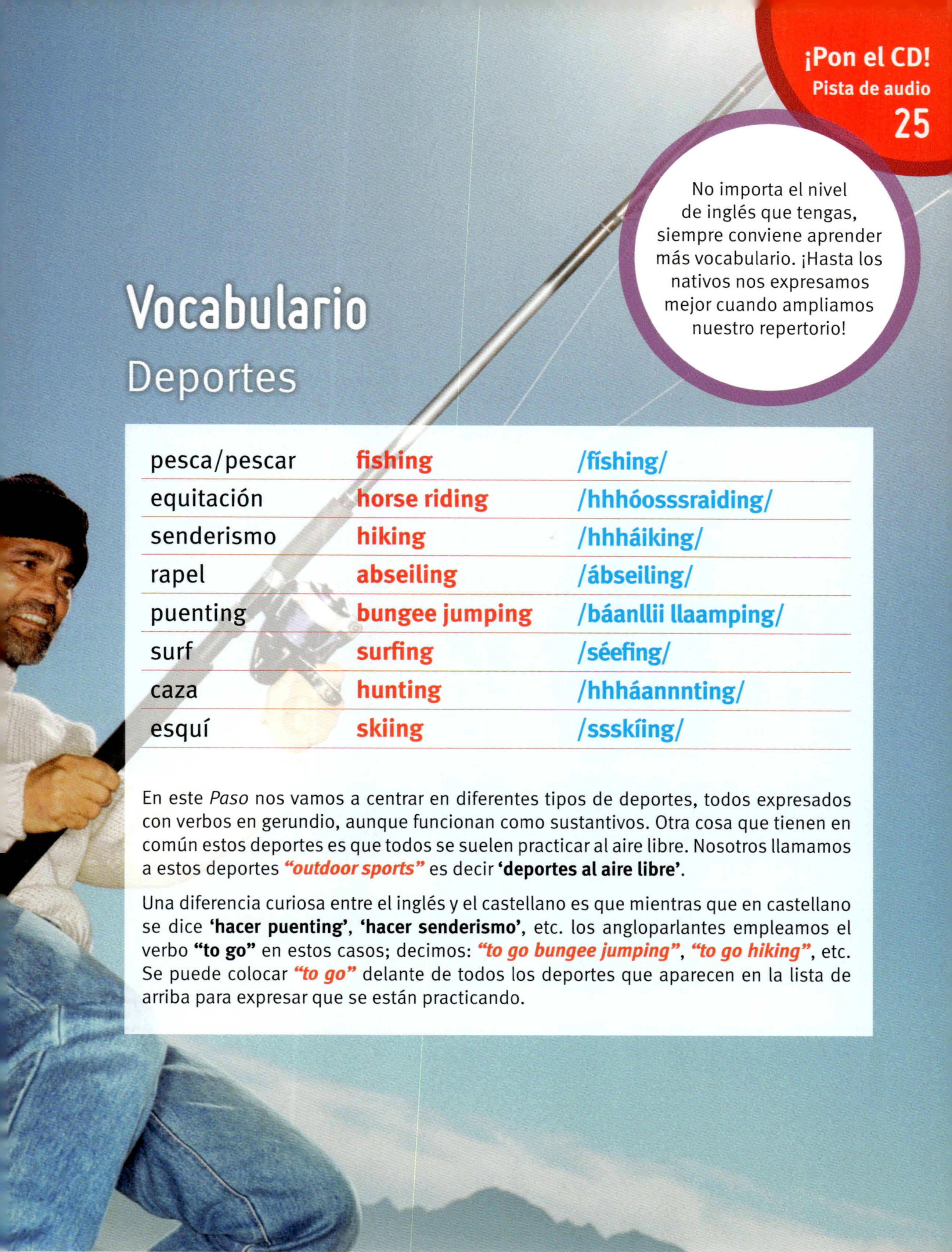

No importa el nivel de inglés que tengas, siempre conviene aprender más vocabulario. ¡Hasta los nativos nos expresamos mejor cuando ampliamos nuestro repertorio!

Vocabulario

Deportes

pesca/pescar	**fishing**	**/físhing/**
equitación	**horse riding**	**/hhhóosssraiding/**
senderismo	**hiking**	**/hhháiking/**
rapel	**abseiling**	**/ábseiling/**
puenting	**bungee jumping**	**/báanllii llaamping/**
surf	**surfing**	**/séefing/**
caza	**hunting**	**/hhháannnting/**
esquí	**skiing**	**/ssskíing/**

En este *Paso* nos vamos a centrar en diferentes tipos de deportes, todos expresados con verbos en gerundio, aunque funcionan como sustantivos. Otra cosa que tienen en común estos deportes es que todos se suelen practicar al aire libre. Nosotros llamamos a estos deportes ***"outdoor sports"*** es decir **'deportes al aire libre'**.

Una diferencia curiosa entre el inglés y el castellano es que mientras que en castellano se dice **'hacer puenting'**, **'hacer senderismo'**, etc. los angloparlantes empleamos el verbo **"to go"** en estos casos; decimos: ***"to go bungee jumping"***, ***"to go hiking"***, etc. Se puede colocar ***"to go"*** delante de todos los deportes que aparecen en la lista de arriba para expresar que se están practicando.

En las frases que vienen a continuación, vas a repasar ***"used to"*** **+ verbo**; por ejemplo: ***"I used to go"***, **'yo antes iba'**, y ***"unless"***, **'a no ser que'**, junto con las ocho palabras que acabas de aprender. ¡A ver si puedes traducir todas estas frases sin pestañear!

Yo antes iba a pescar, pero lo dejé porque mi esposa me dijo que pescar era aburrido.	**I used to go fishing, but I stopped because my wife said fishing was boring.**

Otra forma más de decir **'aburrido'** además de ***"boring"*** es ***"dull"*** pronunciado **/dáal/**.

Mis primos y yo hacemos senderismo todas las primaveras cuando no hace demasiado frío.	**My cousins and I go hiking every spring when it's not too cold.**
No puedes montar a caballo a no ser que tengas un casco de montar.	**You can't go horse riding unless you have a riding hat.**

En inglés americano, dicen ***"horseback riding"***, especificando más la parte del caballo que se monta.

Jack antes hacía surfing pero ahora que vive en Kansas, es imposible.	**Jack used to go surfing but now that he lives in Kansas, it's impossible.**
Él antes practicaba el rapel todos los fines de semana, pero ahora prefiere ir a cazar.	**He used to go abseiling every weekend, but now he prefers to go hunting.**
Prefiero esquiar porque no tengo las narices de hacer puenting.	**I prefer skiing because I don't have the guts to go bungee jumping.**

En realidad, todo el mundo tiene ***"guts"***, ¡porque son **'tripas'**! Y por cierto, en inglés coloquial británico, si alguien está ***"gutted"***, es que está **'muy disgustado'**.

Ahora tendrás la oportunidad de practicar estas ocho palabras con el estilo indirecto. Recuerda que no puedes traducir frases tipo **'Él me dijo...'** como ***"He said me..."***. Cuando mencionamos la persona a quien estamos diciendo algo, solemos emplear el verbo ***"to tell"*** y en este caso decimos ***"He/She told me..."***.

Ella me dijo que yo no podía montar a caballo a no ser que tuviera casco de montar.	**She told me that I couldn't go horse riding unless I had a riding hat.**
Ella me dijo que no quería que yo fuera a cazar.	**She told me that she didn't want me to go hunting.**
Él me dijo que prefería el rapel al surfing.	**He told me that he preferred abseiling to surfing.**
Ella dijo que quería hacer puenting porque creía que la pesca era aburrida.	**She said that she wanted to go bungee jumping because she thought fishing was boring.**

En el ejemplo de arriba, se debe decir ***"said"*** y no *"told"* porque el interlocutor no especifica con quien está hablando.

Él me dijo que no podía hacer senderismo en esa zona porque había muchos lobos ahí.	**He told me I couldn't go hiking in that area because there were a lot of wolves there.**
Ella me dijo que era demasiado caro ir a esquiar en los Alpes franceses.	**She told me that it was too expensive to go skiing in the French Alps.**

En inglés, **'Los Alpes'** son ***"The Alps"*** y se pronuncia **/álpsss/** con tan solo una sílaba.

¿QUÉ DEBO EVITAR?

El error más común que surge al emplear esta estructura es el de no emplear el gerundio después de ***"to be used to"***, como por ejemplo decir *"I'm used to wake up early"* en lugar de ***"I'm used to waking up early"***, **'estoy acostumbrado a levantarme temprano'**.

6

RECORDATORIO

Recuerda que en inglés americano dicen ***"mom"*** mientras que en inglés británico se dice ***"mum"***,pronunciado **/mmmáammm/**.

SABER MÁS

Muchos nativos pronuncian ***"used to"*** **/iússsttta/**. Por ejemplo ***"I'm used to long days"***, **'Estoy acostumbrado a los días largos'**, se podría pronunciar ***"I'm*** **/iússstttalon(g)/** ***days"***.

¡Pon el CD!
Pista de audio
26

Gramática II

To be used to

Traduciendo la palabra *"used"* como **'acostumbrado/a'** es obvio lo que significa *"to be used to"*. Es nuestra forma de decir **'estar acostumbrado/a a algo'**.

Igual que pasa con la estructura *"to get used to"*, que vimos en el *Paso 1*, si empleas un verbo después de *"to be used to"*, tiene que ser el verbo en gerundio (acabando en *"-ing"*).

En este *Paso* veremos:

to be used to	**+**	**sustantivo**
to be used to	**+**	**verbo**

Empecemos con unos ejemplos de esta expresión verbal seguidos de un sustantivo. Traduce las frases al inglés.

Ella está acostumbrada al estrés.	**She's used to stress.**
Los políticos están acostumbrados a la prensa.	**Politicians are used to the press.**
Estoy acostumbrado a la vida en la ciudad.	**I'm used to life in the city.**

"Life" como concepto general no lleva artículo en inglés. Sólo empleamos el artículo *"the"* cuando nos referimos a la vida de alguien en particular.

No estoy acostumbrado a los ordenadores.	**I'm not used to computers.**
El abuelo de Malcolm no está acostumbrado a los teléfonos móviles.	**Malcolm's grandfather isn't used to mobile phones.**
No estoy acostumbrado al calor.	**I'm not used to the heat.**

Cuando decimos o hacemos algo *"in the heat of the moment"*, quiere decir que lo hacemos **'en caliente'**, en sentido figurado.

Él no está acostumbrado a la comida picante.	**He's not used to hot food.**

Normalmente en inglés cuando decimos *"hot food"* estamos hablando de comida picante y no de comida caliente. También decimos *"spicy food"*, pronunciado /ssspáisssii_fúud/.

Ahora seguimos con la expresión **'estar acostumbrado a'** pero esta vez seguida de un verbo que, como recordarás, siempre tiene que ir en gerundio.

No estoy acostumbrado a tomar mis propias decisiones.	**I'm not used to making my own decisions.**

¿Él está acostumbrado a tratar con la sede central?	**Is he used to dealing with the head office?**

¡Rápido! ¿Cómo se dice la actividad deportiva **'rapel'**?

"Abseiling"

Gareth está acostumbrado a afeitarse cada mañana.	**Gareth is used to shaving every morning.**

¿Estás acostumbrado a hacer tu propia declaración de la renta?	**Are you used to doing your own tax return?**

Curiosamente, ***"a tax return"*** no tiene que ver con una devolución de hacienda, sino con la propia declaración de la renta. Para **'devolución'** decimos ***"a tax rebate"***.

Mi madre está acostumbrada a cocinar para mucha gente.	**My mom is used to cooking for lots of people.**

No estoy acostumbrado a dar presentaciones en inglés.	**I'm not used to giving presentations in English.**

Kate no está acostumbrada a dar órdenes.	**Kate isn't used to giving orders.**

7

UNA CURIOSIDAD

Si coges la palabra ***"fed"*** (el pasado simple y participio de ***"to feed"***) y le añades una **'s'**, tienes la palabra ***"feds"*** que es una forma coloquial de referirse a **'la policía'** en el inglés estadounidense. En realidad se trata de una abreviatura de las palabras ***"federal agent"***.

VOCABULARIO

"Surveillance" (pronunciado **/seevvvéileensss/**), significa **'vigilancia'**; por lo tanto **'vídeos de vigilancia'** son ***"suirveillance videos"*** en inglés.

SABER ALGO MÁS

"Lent" además de ser el pasado simple y participio del verbo ***"to lend"*** también significa **'cuaresma'** cuando se emplea como sustantivo.

¡Pon el CD!
Pista de audio
27

Si realmente quieres considerarte un alumno de nivel avanzado, tienes que ser capaz de cambiar de un verbo irregular a otro, y de un tiempo verbal a otro, en cuestión de segundos. ¡Pon el audio e intenta seguir nuestro ritmo!

Verbos Irregulares

"to feed" "to show" "to lend"

Alimentar / Dar de comer	feed /fíiddd/	fed /feddd/	fed /feddd/
Demostrar/ Enseñar	show /shóu/	showed /shóuddd/	shown /shóunnn/
Prestar	lend /lenddd/	lent /lenttt/	lent /lenttt/

"To feed" se traduce como **'alimentar'** y si queremos indicar de qué nos alimentamos, le añadimos la preposición ***"on"***, por ejemplo: ***"My rabbit feeds on carrot leaves"***.

El verbo ***"to show"*** también puede ser un sustantivo; por ejemplo, **'un espectáculo'** es ***"a show"*** y **'una votación a mano alzada'** en inglés es ***"a show of hands"***.

Un problema que tienen algunos alumnos de inglés es que confunden la diferencia entre ***"to lend"*** y ***"to borrow"***. ***"To lend"*** se refiere al acto de **'prestar algo a alguien'** mientras que ***"to borrow"*** es **'pedirle prestado algo a alguien'**.

Por último, señalar que el participio pasado del verbo ***"to show"*** puede ser tanto ***"shown"*** como ***"showed"***.

En las siguientes frases, trabajarás los verbos irregulares en las tres formas, el presente, el pasado simple y el participio. También trabajarás los pronombres en general en frases como **'se los presté a él'**, *"I lent them to him"*.

Él me enseñó la foto ayer pero no me ha enseñado los vídeos aún.	**He showed me the picture yesterday but he hasn't shown me the videos yet.**

Di de comer al gato esta mañana pero no he dado de comer a los peces todavía.	**I fed the cat this morning but I haven't fed the fish yet.**

No digas *"I've fed the fish this morning"* si ya es por la tarde. En este caso decimos *"I fed the fish this morning"*, empleando el pasado simple.

–¿Le has prestado tu colección de DVDs? –Sí, se la presté la semana pasada.	**–Have you lent him your DVD collection?** **–Yes; I lent it to him last week.**

Para traducir **'se lo presté (a él)'** no solemos decir *"I lent him it"*, sino *"I lent it to him"*.

No des de comer al gato hasta que hayas dado de comer a los peces.	**Don't feed the cat until you've fed the fish.**

Casi nunca decimos *"fishes"* en inglés. Usamos la palabra *"fish"* tanto en el singular como en el plural.

No le enseñes las fotos hasta que yo le haya enseñado los vídeos de vigilancia.	**Don't show him the pictures until after I've shown him the surveillance videos.**

Yo nunca he prestado mis libros a nadie. No quiero prestárselos a nadie.	**I've never lent any of my books to anyone. I don't want to lend them to anyone.**

Aquí verás *"to feed"* cuando significa **'alimentar'** en castellano y *"to show"* cuando quiere decir **'demostrar'**. Las últimas tres frases serán un repaso del tercer condicional.

Hugh nos ha demostrado que es capaz de hacer cualquier cosa siempre que se centre en ello.	**Hugh has shown us that he's capable of doing anything as long as he puts his mind to it.**
Ella me dijo que el arte alimentaba el espíritu, pero los museos de arte me parecen tan aburridos.	**She told me that art fed the spirit, but I find art museums so boring.**

Empleamos *"find"* en la traducción más natural de **'los museos me parecen aburridos'** así que decimos: *"I find museums boring".*

Le presté mi portátil a Frank la semana pasada y aún no me lo ha devuelto.	**I lent Frank my laptop last week and he still hasn't given it back to me.**

Sería un error traducir **'no me lo ha devuelto'** como *"he hasn't given me back it"*. La construcción correcta es *"he hasn't given it back to me"*.

Yo habría dado de comer al perro por ti si hubiera sabido que no podías encontrar a otra persona para darle de comer.	**I would have fed the dog for you if I'd known you couldn't find someone else to feed it.**
Si tú me hubieras prestado tu portátil, yo podría haberle enseñado la presentación a Mike.	**If you'd lent me your laptop then I could've shown Mike the presentation.**
Si me hubieras enseñado el vídeo la semana pasada, podría haberlo usado como prueba.	**If you'd shown me the video last week I could have used it as evidence.**

Las palabras *"proof"* y *"evidence"* son sinónimos pero *"evidence"* se usa más en contextos jurídicos, como por ejemplo en los tribunales.

8

PRONUNCIACIÓN (I)

No olvides que la palabra ***"call"*** no se pronuncia con una **'a'** española sino con el sonido **/oo/**; **/cóol/**.

SABER MÁS

Cuando se trata de llamadas telefónicas, también podemos decir ***"phone calls"*** o incluso ***"calls"*** a secas. Y en un plano más informal, ***"to give someone a buzz"*** equivaldría a **'darle un toque a alguien por teléfono'**.

PRONUNCIACIÓN (II)

La palabra ***"intelligible"***, **'inteligible'**, es un verdadero trabalenguas. Se pronuncia **/intélichabol/**, con el énfasis en la segunda sílaba. Aún más difícil es el antónimo ***"unintelligible"***, que se pronuncia **/aanintélichabol/**.

¡Pon el CD!
Pista de audio
28

Comprensión Auditiva

Una de las claves del éxito para aprender cualquier idioma es la capacidad de entender y ser entendido. Si no tienes una buena comprensión auditiva del inglés, no podrás usarlo en el mundo real, lejos de la comodidad que proporcionan las aulas.

En este *Paso* te pondremos a prueba cada semana con la locución de un texto en inglés cotidiano. Primero, pon el audio y mientras lo escuchas, intenta contestar a las cinco preguntas de esta página. Después, en la página siguiente, lee dicho texto en inglés y las anotaciones que te ofrecemos. Si es necesario, vuelve a escuchar el audio y contesta cualquier pregunta que no hayas sabido responder antes. Para terminar, en la página **129**, puedes encontrar la traducción del párrafo al castellano y las respuestas a las preguntas de abajo. ¡Compruébalas!

1. **What did the old woman receive?**

2. **What could the caller hardly say?**

3. **Whose voice did the caller's sound like?**

4. **Where did she go the next day?**

5. **What had fallen onto her husband's grave?**

The old woman

Cuestión de tono. Tanto en un contexto hablado como escrito el adjetivo ***"old"*** suena un poco despectivo cuando describe a una persona. La palabra ***"woman"*** también nos distancia un poco del personaje cuando su sinónimo ***"lady"*** nos acercaría a ella. Al hablar de señoras ancianas es mejor suavizar refiriéndonos a cada una de ellas como ***"an elderly woman"***, ***"an old lady"*** o, y más educado, ***"an elderly lady"***.

cemetery

A veces los británicos son perezosos con la pronunciación. Un buen ejemplo es la palabra ***"cemetery"*** cuya tercera 'e' omitimos por completo. Decimos **/sssémmmitrii/**, enfatizando la primera sílaba. No es el caso en Estados Unidos, donde dicen **/sssemmmetérii/**, enfatizando no la primera sino la tercera sílaba. ¡Increíble lo que puede hacer un poco de agua en forma de charco!

Lauren:

The old woman received three telephone calls from a man who could hardly say an intelligible word but whose voice sounded strangely like that of her dead husband. The next morning she went to the cemetery and found that the stormy winds the night before had broken some telephone wires and one of them had fallen directly on her husband's grave.

the stormy winds the night before

No suena muy natural decir *"the stormy winds of the night before"* y de ninguna manera *"the night before's stormy winds"*.

grave

En inglés existe la palabra ***"tomb"***, pero se emplea para referirse a una tumba grandiosa. La 'b' con la que acaba es tan silenciosa como la tumba misma. La pronunciamos **/túummm/**, cerrando la boca para pronunciar bien la **'m'**. ***"Grave"*** tampoco se pronuncia como se escribe (sólo faltaría eso). Decimos **/greívvv(a)/** con esta pequeña **'a'** casi inaudible al final.

Lauren:

La viejecita recibió tres llamadas telefónicas de un hombre que apenas podía decir una palabra inteligible pero cuya voz sonaba, por raro que parezca, como la de su difunto marido. A la mañana siguiente, se fue al cementerio y encontró que el vendaval de la noche anterior había roto varios cables de teléfono y uno de ellos había caído directamente en la tumba de su marido.

1. **What did the old woman receive?**
   She received three phone calls.
2. **What could the caller hardly say?**
   He could hardly say an intelligible word.
3. **Whose voice did the caller's sound like?**
   It sounded strangely like her dead husband's voice.
4. **Where did she go the next day?**
   She went to the cemetery.
5. **What had fallen onto her husband's grave?**
   A telephone wire had fallen onto her husband's grave.

Si te perdiste alguna pregunta de la primera página de este *Paso*, vuelve a poner el audio e inténtalo de nuevo. Estamos seguros de que esta vez tendrás mucha más facilidad para contestarlas.

9

UNA CURIOSIDAD

Una expresión bien conocida en inglés es ***"a baker's dozen"***, que significa **'trece'**. Viene de una ley del siglo XIII bajo la que se le podría cortar una mano a un panadero que estafara a un cliente al venderle una docena de panes; ¡los panaderos empezaron a vender 13 por el precio de 12 para que nadie pudiera llamarles estafadores!

PUNTO CLAVE

No pluralizamos la palabra ***"dozen"*** salvo en un caso, por lo que se dice tanto ***"one dozen"*** como ***"three dozen"***. Encontramos la excepción en las expresiones ***"dozens of..."*** y ***"dozens and dozens of..."***, **'docenas y docenas de...'**.

SABER MÁS

En uno de los ejemplos aparece el verbo ***"to grab"***, que es una manera coloquial de decir **'coger'**. Por ejemplo podrías decir ***"I'm going to grab something to eat"***, **'voy a pillar algo que comer'**.

¡Pon el CD!
Pista de audio
29

Números... ¡A paso ligero!

Números

A pesar de los tiempos y de que el 12 no sea un número redondo, la antigua medida **'docena'** se ha empeñado en no caer en el olvido. Quizá gracias al humilde huevo sigue empleándose en inglés también. Pero no por eso su uso se limita a los huevos. Además empleamos la expresión más indeterminada ***"dozens of..."***.

Nuestro término es muy parecido al castellano pero con una pronunciación bien distinta: decimos ***"a dozen"*** y se pronuncia **/dáasennn/**, enfatizando la primera sílaba.

A continuación, haremos un ejercicio de comprensión auditiva. Hablaremos de diferentes cantidades y tendrás que indicar de cuáles estamos hablando.

Can I have two and a half dozen eggs, please?	¿Cuántos huevos quiero? **30**.

There were at least a couple of dozen people in the queue when I joined it.	¿Cuánta gente había en la cola cuando yo me uní a ella? **Al menos 24**.

I need a dozen and a half eggs to make tiramisu for the whole family.	¿Cuántos huevos necesito para hacer tiramisú para toda la familia? **18**.

You need half a dozen courgettes for that recipe.	¿Cuántos calabacines necesito para esa receta? **6**.

Curiosamente, los británicos emplean la palabra francesa ***"courgettes"*** para **'calabacines'** mientras que los norteamericanos utilizan la italiana: ***"zucchini"***.

I've got a dozen or so original copies at home.	¿Cuántas copias originales tengo en casa? **12 aproximadamente**.

Decir ***"or so"*** después de un número indica **'aproximadamente'**. Por ejemplo, ***"There were fifteen or so"***,**'Había unas quince más o menos'**.

I'll buy a couple of dozen cans of soft drink when I go to the supermarket.	¿Cuántas latas de refrescos compraré cuando vaya al supermercado? **24**.

Mientras en Estado Unidos es más común decir ***"soft drinks"***, **'refrescos'**, en inglés británico se dice con más frecuencia ***"fizzy drinks"***, aunque técnicamente este término sólo se refiere a las bebidas con gas.

Ahora te ponemos a prueba con unas traducciones, introduciendo el uso de ***"dozens and dozens of..."*** y de ***"dozen"*** (***"ten dozen"*** y ***"five dozen"***).

Docenas y docenas de personas se quejaron del ruido.	**Dozens and dozens of people complained about the noise.**
Había alrededor de diez docenas de personas en la multitud.	**There were about ten dozen people in the crowd.**
Solamente unas cinco docenas de personas asistieron a la vista.	**Only around five dozen people attended the hearing.**

"A hearing" es **'una vista'** en el contexto de un **acto judicial**.

Sólo quedan media docena de manzanas. Deberíamos comprar más.	**There are only half a dozen apples left. We should get some more.**
¿Me podrías pillar media docena de huevos cuando vayas al supermercado?	**Could you grab me half a dozen eggs when you go to the supermarket?**

¿Cómo se decía **'la caza'**?

"hunting"

Debería haber docenas y docenas de ellas en la balda inferior.	**There should be dozens and dozens of them on the bottom shelf.**
Necesitaremos al menos una docena de gente para levantar ese armario.	**We'll need at least a dozen people to lift that wardrobe.**

NI SE TE OCURRA...

Traducir frases del tipo **'estoy acostumbrado a hacerlo'** como *"I'm used to do it"*. Recuerda que en inglés, siempre se usa el gerundio en estos casos y que se dice ***"I'm used to doing it"***.

NO OLVIDES QUE...

"To get used to" y ***"to be used to"*** son diferentes. Decimos esto porque a veces algunos alumnos dicen *"I'm get used to it"* cuando realmente quieren decir ***"I'm used to it"*** , **'estoy acostumbrado'**.

10

ESFUÉRZATE EN...

Pronunciar ***"August"*** **/óogggaassstttt/** con la ***"au"*** como si fuera **/oo/** en castellano. La misma lógica se emplea en las palabras ***"autumn"*** **/ótttaammm/** y ***"automatic"*** **/ootamátic/**.

¡Pon el CD!
Pista de audio
30

¡Ha llegado la hora del test final! El repaso continuo es la clave del éxito y nunca lo podemos olvidar. ¿Has logrado hacerte con todas las palabras, estructuras y sonidos de esta entrega? No sólo se trata de entenderlas, sino también de reproducirlas con confianza y soltura.

¡El rePaso!

Me acostumbré al uniforme después de un mes.	**I got used to the uniform after a month.**

En prácticamente todas las palabras en inglés que empiezan por ***"uni-"*** y que también se parecen a palabras castellanas, la **'u'** se pronuncia /iu/ como la palabra ***"you"***. Por ejemplo: ***"university"***, ***"uniform"***, ***"unification"***, ***"unique"***, etc.

Tardé mucho tiempo en acostumbrarme a mi nueva casa.	**It took a long time for me to get used to my new house.**
Nunca me acostumbraré al sentido del humor inglés.	**I will never get used to the English sense of humour.**
La planta no crecerá **a no ser que** la riegues.	**The plant won't grow unless you water it.**

¡Buenas noticias! Decir **'regar'** en inglés es muy fácil; se dice ***"to water"*** y se pronuncia igual que el sustantivo ***"water"***.

A no ser que suceda algo inesperado, todo debería ir según el plan.	**Unless something unexpected happens, everything should go according to plan.**
Tendremos que seguir adelante con el plan original **a no ser que** tengas una idea mejor.	**We'll have to go ahead with the original plan unless you have a better idea.**
El cumpleaños de Tom es en agosto, ¿verdad?	**Tom's birthday is in August, right?**

Agosto es mi mes favorito del año con diferencia.	**August is, by far, my favourite month of the year.**
No puedo ponerme al día con este trabajo acumulado sola. ¿Puedes echarme una mano?	**I can't catch up with this backlog on my own. Can you give me a hand?**
¡Hace siglos que no te veo! ¡De verdad que tenemos que ponernos al día!	**I haven't seen you for ages! We really have to catch up!**
Tienes toda la razón. Deberíamos quedar y ponernos al día alguna vez.	**You're so right. We should definitely meet up and catch up sometime.**
No puedes montar a caballo a no ser que tengas un casco de montar.	**You can't go horse riding unless you have a riding hat.**
Yo antes iba a pescar, pero lo dejé porque mi esposa me dijo que pescar era aburrido.	**I used to go fishing, but I stopped because my wife said fishing was boring.**

Otra forma más de decir **'aburrido'** además de ***"boring"*** es ***"dull"***, pronunciado **/dáal/**.

Ella me dijo que no quería que yo fuera a cazar.	**She told me that she didn't want me to go hunting.**
Los políticos están acostumbrados a la prensa.	**Politicians are used to the press.**
Él no está acostumbrado a la comida picante.	**He's not used to hot food.**
¿Estás acostumbrado a hacer tu propia declaración de la renta?	**Are you used to doing your own tax return?**
Di de comer al gato esta mañana pero no he dado de comer a los peces todavía.	**I fed the cat this morning but I haven't fed the fish yet.**

No digas *"I've fed the fish this morning"* si ya es por la tarde. En este caso decimos ***"I fed the fish this morning"***, empleando el pasado simple.

Yo nunca he prestado mis libros a nadie. No quiero prestárselos a nadie.	**I've never lent any of my books to anyone. I don't want to lend them to anyone.**
Si me hubieras enseñado el vídeo la semana pasada, podría haberlo usado como prueba.	**If you'd shown me the video last week I could have used it as evidence.**
Apenas podía decir una palabra inteligible.	**He could hardly say an intelligible word.**
El vendaval de la noche anterior había roto varios cables de teléfono.	**The stormy winds the night before had broken some telephone wires.**
Hace falta media docena de calabacines para esa receta.	**You need half a dozen courgettes for that recipe.**
Sólo quedan media docena de manzanas. Deberíamos comprar más.	**There are only half a dozen apples left. We should get some more.**
Solamente unas cinco docenas de personas asistieron a la vista.	**Only around five dozen people attended the hearing.**

Recuerda que ***"a hearing"*** es **'una vista'** en el contexto de un **acto judicial**.

Un consejo: Si no dedicas un mínimo de **20 minutos al día** durante toda esta semana para consolidar tus conocimientos, acabarás desperdiciando todo el esfuerzo que has hecho en los últimos diez *Pasos*. REMEMBER: ¡20 minutos al día!

Notes

Notes

Notes